해 봐!
하루 10
왕초보
스페

스페인어를 사용하는 나라들

미국

스페인

쿠바

도미니카 공화국

푸에르토리코

멕시코

과테말라

파나마

베네수엘라

엘살바도르

니카라과

코스타리카

콜롬비아

에콰도르

페루

브라질

볼리비아

파라과이

칠레

아르헨티나

우루과이

머리말

스페인어는 정열의 나라 스페인에서 사용하는 언어인만큼 많은 매력을 가지고 있는 언어입니다. 최근 한국과 스페인어권 국가의 교류가 증진되면서 스페인어의 중요성을 깨닫는 사람들이 많아졌습니다. 특히, 쉬운 발음을 토대로 자발적으로 스페인어를 학습하는 분들도 많습니다. 하지만, 스페인어를 너무나도 배우고 싶지만 복잡한 동사변화와 문법 때문에 어려워하는 학습자분들을 보며 조금 더 쉽고 빠르게 스페인어로 말할 수 있는 마법같은 경험을 선물해 드리고자 이 책을 집필하게 되었습니다. 이 책은 일상생활에서 자주 쓰고 꼭 필요한 표현들을 모아 초보자도 쉽게 따라할 수 있도록 구성하였으며, 리뷰페이지를 통해 배운 내용을 반복해서 공부할 수 있도록 만들었습니다. 뿐만 아니라, 스페인어권 나라의 다양한 사진 자료와 문화 이야기를 통해 학습자분들의 흥미를 유발하는 책이 되도록 노력하였습니다. 이 책을 통하여 스페인어를 쉽고 재미있네 익혀 유용하게 활용하시기를 바랍니다. 이 책의 출판을 위해 아낌없이 지원해 주신 랭기지플러스 엄태상 대표님과 이효리 과장님께 깊은 감사의 말을 전합니다. 바쁘신 와중에도 검토 및 교정을 해주신 Israel 선생님, 녹음 작업에 참여해 주신 Adrian 선생님과 Claudia 선생님께도 감사의 인사를 드립니다. 마지막으로 늘 저의 일상에 활력소가 되어주는 사랑하는 제자들과 남편에게 고마움을 전합니다.

저자 신승

이 책의 100% 활용법

스페인어로 말을 할 수 있다면…

언어를 학습하는 가장 큰 이유는 그 언어로 말을 하고 싶어서이겠지요. 스페인에 놀러가게 된다면 스페인어로 내 이름 소개도 해보고 싶고, 식당에서 주문 한마디 해보고 싶을 거예요. 이런 기대감을 품고 스페인어 책을 집어 들지만 복잡한 문법 공부에 지쳐 말 한마디 구사할 줄 모른 채 책을 덮어버리는 경우가 많이 있죠? 이 런 여러분들을 위해 <해 봐! 하루 10분 왕초보 스페인어>가 세상에 나왔습니다. 가볍고 재미있게 시작하세요. 한 문장씩 천천히 따라하며 익히다 보면 자연스럽 게 문법 체계가 이해되고 나도 스페인어로 말할 수 있다는 자신감을 갖게 될 거예 요. 여러분의 스페인어 학습을 응원합니다. 준비하시고, 따라오세요!

스페인어를 공부한다면 꼭 알아야 할 10가지

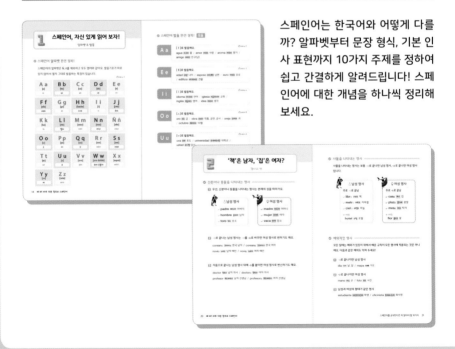

스페인어는 한국어와 어떻게 다를 까? 알파벳부터 문장 형식, 기본 인 사 표현까지 10가지 주제를 정하여 쉽고 간결하게 알려드립니다! 스페 인어에 대한 개념을 하나씩 정리해 보세요.

하루 10분 플랜으로 입에서 바로 나오는 스페인어

2분 초간단 개념 잡기

soy[쏘이]는 '~이다'라는 뜻이에요. 주어가 '나(yo)'일 때 쓰는 ser[쎄르] 동사의 변화형입니다. soy 뒤에 이름, 국적, 직업, 신분 등을 나타내는 말을 넣어 나를 소개하는 문장을 말할 수 있어요.

Yo	soy	Mina.
요	쏘이	미나
나는	~이다	미나

STEP 1

2분으로 초간단 개념 잡기

개념은 간단하고 쉽게!
오늘 배울 문장의 구성을
익혀 보세요.

2분 입에서 바로 나오는 문장 말하기 🔊 1-1

Soy **estudiante.**
쏘이   에스뚜디안떼   나는 학생이야.

Soy **oficinista.**
쏘이   오피씨니스따   나는 회사원이야.

Soy **coreano ♂ / coreana ♀.**
쏘이   꼬레아노   꼬레아나   나는 한국 사람이야.

본인의 성별에 맞게 쓰세요!

STEP 2

2분으로 문장 말하기

배운 개념을 응용하여
한 문장씩 소리 내어
읽어 보세요.

3분 회화로 응용하기 🔊 1-2

처음 만나는 사람과 자기소개를 하는 대화를 연습해 볼까요? 각 빈칸에 주어진 어휘를 차례대로 넣어 말해 보세요.

Soy ____. ¿Y usted?
쏘이   이   우스뗃
저는 ~예요. 당신은요?

Soy ____.
쏘이
저는 ~예요.

1 **Mina** [미나] 미나
2 **estudiante** [에스뚜디안떼] 학생
3 **coreano** [꼬레아노] ♂ 한국 사람

1 **Pablo** [빠블로] 파블로
2 **oficinista** [오피씨니스따] 회사원
3 **español** [에스빠뇰] ♂ 스페인 사람

STEP 3

3분으로 회화로 응용하기

오늘 배운 문장이 실제로
회화에선 어떻게 적용되는지
연습해 보세요.

3분 문제로 확인해 보기

스페인어는 우리말로, 우리말은 스페인어로 바꿔 보세요.

❶ Soy oficinista. ▸ _____

❷ Soy coreano. ▸ _____

❸ 저는 교사예요. ♂ ▸ _____

STEP 4

3분으로 문제로 확인하기

오늘 배운 문장을 잊지 않도록
다시 한번 확인해 보세요.

배운 내용을 잊지 않도록 도와주는 **리뷰 페이지**

다섯 과를 학습하면 다양한 유형의 재미있는 리뷰 문제들이 여러분을 기다리고 있습니다. 즐겁게 문제를 풀다보면 어느새 복습 완성!

문화를 알면 언어가 보인다! 스페인 관련 정보

회화 문장을 직접 써보는 쓰기 노트

별책 부록으로 구성한
쓰기 노트에 학습한 패턴 문장을
직접 써 보면서 완벽하게
이해해 보세요.

다양한 학습 자료 활용법

음원

www.sisabooks.com/langpl
랭기지플러스 홈페이지에서
MP3 다운받아 듣기

동영상 강의 바로 가기

QR 코드를 찍어서
무료 동영상 강의 시청

동영상 강의

www.sisabooks.com/langpl
랭기지플러스 홈페이지에서 바로 보기

유튜브에서
해 봐! 하루 10분
왕초보 스페인어를
검색해서 보기

목 차

스페인어를 공부한다면 꼭 알아야 할 10가지

PART 01 | 나에 대해 말해 볼까요?

PART 02   상대방과 소통해 보세요.

PART 03 | **궁금한 건 물어 봐야죠!**

PART 04 숫자, 시간, 나이, 날짜, 요일을 말해 봐요.

스페인어를
공부한다면
꼭 알아야 할
10가지

스페인어, 자신 있게 읽어 보자!

알파벳 & 발음

✅ 스페인어 **알파벳** 완전 정복!

스페인어의 알파벳은 Ñ, ñ를 제외하고 모두 영어와 같아요. 발음기호가 따로 있지 않아서 철자 그대로 발음하는 특징이 있습니다.

🎧 intro 1

A a	B b	C c	D d	E e
[a]	[be]	[ce]	[de]	[e]
아	베	쎄	데	에

F f	G g	H h	I i	J j
[efe]	[ge]	[hache]	[i]	[jota]
에뻬	헤	아체	이	호따

K k	L l	M m	N n	Ñ ñ
[ka]	[ele]	[eme]	[ene]	[eñe]
까	엘레	에메	에네	에녜

O o	P p	Q q	R r	S s
[o]	[pe]	[cu]	[ere]	[ese]
오	뻬	꾸	에레	에쎄

T t	U u	V v	W w	X x
[te]	[u]	[uve]	[uve doble]	[equis]
떼	우	우베	우베 도블레	에끼스

Y y	Z z
[ye]	[zeta]
예	쎄따

✅ 스페인어 **발음** 완전 정복! 모음

| A a | [ㅏ]로 발음해요. intro 2
agua 아구아 물 / amor 아모르 사랑 / aroma 아로마 향기 /
amigo 아미고 친구(남) |

| E e | [ㅔ]로 발음해요. 🎧 intro 3
edad 에닫 나이 / esposo 에스뽀쏘 남편 / euro 에우로 유로
/ edificio 에디피씨오 건물 |

| I i | [ㅣ]로 발음해요. 🎧 intro 4
idioma 이디오마 언어 / iglesia 이글레시아 교회 /
inglés 잉글레스 영어 / idea 이데아 생각 |

| O o | [ㅗ]로 발음해요. 🎧 intro 5
oro 오로 금 / obra 오브라 작품, 공연, 공사 / oreja 오레하 귀
/ octubre 옥뚜브레 10월 |

| U u | [ㅜ]로 발음해요. 🎧 intro 6
uva 우바 포도 / universidad 우니베르시닫 대학교 /
usted 우스뗃 당신 |

✅ 스페인어 발음 완전 정복! 자음

B b   🎧 intro 7

[ㅂ]로 발음해요.

bebida 베비다 음료 / beso 베소 뽀뽀, 키스 / banco 방꼬 은행
/ bicicleta 비씨끌레따 자전거

C c   🎧 intro 8

뒤에 오는 모음에 따라 두 가지로 발음해요.

1 [ㄲ]로 발음: ca 까, co 꼬, cu 꾸

  casa 까사 집 / cocina 꼬씨나 주방

2 [θ/ㅆ]로 발음: ce 쎄, ci 씨

  cine 씨네 영화, 영화관 / cerdo 쎄르도 돼지

  ⭐ 스페인에서는 [θ] 발음을, 중남미에서는 [ㅆ] 발음을 해요.

D d   🎧 intro 9

[ㄷ]로 발음해요.

domingo 도밍고 일요일 / dinero 디네로 돈 /
deporte 데뽀르떼 운동 / ducha 두챠 샤워

F f   🎧 intro 10

[ㅍ]로 발음해요. (영어의 f와 발음이 같아요.)

foto 포또 사진 / flor 플로르 꽃 / farmacia 파르마씨아 약국 /
familia 파밀리아 가족

G g   🎧 intro 11

뒤에 오는 모음에 따라 두 가지로 발음해요.

1 [ㄱ]로 발음: ga 가, go 고, gu 구

  gato 가또 고양이

2 [ㅎ]로 발음: ge 헤, gi 히

  gigante 히간떼 거인

⭐ 독특한 발음이 나기도 해요.

  gue 게, gui 기, güe 구에, güi 구이

  guerra 게르라 전쟁 / guitarra 기따르라 기타

H h

🎧 intro 12

소리가 나지 않아요.

hotel 오뗄 호텔 / hospital 오스삐딸 병원 /
historia 이스또리아 역사 / huevo 우에보 달걀

J j

🎧 intro 13

강한 [ㅎ]로 발음해요.

julio 훌리오 7월 / jueves 후에베스 목요일 / jabón 하본 비누 /
joven 호벤 젊은이, 젊은

K k

🎧 intro 14

[ㄲ]로 발음해요. (외래어에만 쓰여요.)

kiwi 끼위 키위 / koala 꼬알라 코알라 /
kilogramo 낄로그라모 킬로그램

L l

🎧 intro 15

[ㄹ]로 발음해요.

limón 리몬 레몬 / ligero 리헤로 가벼운

★ 'll'의 경우 'lla 야, lle 예, lli 이, llo 요, llu 유'로 발음
  lluvia 유비아 비 / llave 야베 열쇠

M m

🎧 intro 16

[ㅁ]로 발음해요.

madre 마드레 어머니 / metro 메뜨로 지하철 /
maíz 마이쓰 옥수수

N n

🎧 intro 17

[ㄴ]로 발음해요.

nombre 놈브레 이름 / nariz 나리쓰 코 /
navidad 나비닫 크리스마스 / nota 노따 메모, 기록

Ñ ñ

intro 18

[ㄴ]로 발음하고, 모음과 만나면 이중모음으로 발음해요.

ña 냐, ñe 녜, ñi 니, ño 뇨, ñu 뉴

niño 니뇨 남자아이 / montaña 몬따냐 산 /
mañana 마냐나 내일, 아침 / otoño 오또뇨 가을

P p

🎧 intro 19

[ㅃ]로 발음해요.

padre 빠드레 아버지 / pasaporte 빠사뽀르떼 여권 /
papel 빠뻴 종이 / película 뻴리꿀라 영화

Q q

🎧 intro 20

두 가지 발음만 있어요.

1 que[께] 발음
queso 께소 치즈 / qué 께 무엇

2 qui[끼] 발음
quince 낀쎄 숫자 15 / quién 끼엔 누구

R r

🎧 intro 21

1 단어의 첫 글자나 단어 중간에 연달아 오는 경우
굴리는 [ㄹ] 발음
rosa ㄹ로사 장미꽃 / perro 뻬ㄹ로 강아지

2 그 외에는 굴리지 않고, [ㄹ] 발음
pero 뻬로 하지만 / hora 오라 시간

S s

🎧 intro 22

[θ/ㅆ]로 발음해요.
★ 스페인에서는 [θ] 발음을, 중남미에서는 [ㅆ] 발음을 해요.

semana 쎄마나 주 / sábado 싸바도 토요일 /
siempre 씨엠쁘레 항상 / sala 쌀라 방

T t [ㄸ]로 발음해요. 🎧 intro 23

tomate 또마떼 토마토 / tiempo 띠엠뽀 시간, 때 /
trabajo 뜨라바호 일 / teléfono 뗄레포노 전화기

V v [ㅂ]로 발음해요. (알파벳 b와 발음이 같아요.) 🎧 intro 24

vaso 바소 물 컵 / verano 베라노 여름 / viaje 비아헤 여행 /
vida 비다 삶, 인생

W w [ㅜ]로 발음해요. (외래어에만 쓰이고, 영어 발음과 비슷해요.) 🎧 intro 25

web 웹 웹사이트 / whisky 위스끼 위스키

X x 세 가지 발음이 있어요. 🎧 intro 26

1 단어의 첫 글자는 [ㅆ] 발음
xilófono 씰로포노 실로폰

2 모음 뒤에 올 경우 앞의 모음에 'ㄱ' 받침을 넣고 [ㅆ] 발음
examen 엑쌔멘 시험

3 지명이나 국명에서 [ㅎ] 발음이 나기도 해요.
México 메히꼬 멕시코 / Texas 떼하스 텍사스

Y y [이]로 발음하고, 모음과 만나면 이중모음으로 발음해요. 🎧 intro 27

ya 야, ye 예, yi 이, yo 요, yu 유
yo 요 나 / Paraguay 빠라구아이 파라과이 / yoga 요가 요가

Z z [θ/ㅆ]로 발음해요. 🎧 intro 28

★ 스페인에서는 [θ] 발음을, 중남미에서는 [ㅆ] 발음을 해요.
zapato 싸빠또 신발 / zumo 쑤모 주스 / zona 쏘나 지역

'책'은 남자, '집'은 여자?

명사의 성

☑ 신분이나 동물을 나타내는 명사

1 우선, 신분이나 동물을 나타내는 명사는 본래의 성을 따라가요.

♂ 남성 명사

- padre 빠드레 아버지
- hombre 옴브레 남자
- toro 또로 숫소

♀ 여성 명사

- madre 마드레 어머니
- mujer 무헤르 여자
- vaca 바까 암소

2 -o로 끝나는 남성 명사는 -o를 -a로 바꾸면 여성 명사로 변하기도 해요.

coreano 꼬레아노 한국 남자 / coreana 꼬레아나 한국 여자

novio 노비오 남자 애인 / novia 노비아 여자 애인

3 자음으로 끝나는 남성 명사 뒤에 -a를 붙이면 여성 명사로 변신하기도 해요.

doctor 독또르 남자 의사 / doctora 독또라 여자 의사

profesor 쁘로페쏘르 남자 선생님 / profesora 쁘로페쏘라 여자 선생님

✓ 사물을 나타내는 명사

사물을 나타내는 명사는 보통 -o로 끝나면 남성 명사, -a로 끝나면 여성 명사
입니다.

♂남성 명사

주로 -o로 끝남

- ✓ libro 리브로 책
- ✓ metro 메뜨로 지하철
- ✓ cielo 씨엘로 하늘

★ 예외

hotel 오뗄 호텔

♀여성 명사

주로 -a로 끝남

- ✓ casa 까사 집
- ✓ plaza 플라싸 광장
- ✓ mesa 메사 탁자

★ 예외

flor 플로르 꽃

✓ 예외적인 명사

모든 일에는 예외가 있듯이 위에서 배운 규칙이 모든 명사에 적용되는 것은 아니
에요. 다음과 같은 예외도 익혀 두세요!

1 -a로 끝나지만 남성 명사

día 디아 날, 일 / mapa 마빠 지도

2 -o로 끝나지만 여성 명사

mano 마노 손 / foto 포또 사진

3 남성과 여성의 형태가 같은 명사

estudiante 에스뚜디안떼 학생 / oficinista 오피씨니스따 회사원

-s, -es만 있으면 한 개가 여러 개로!

명사의 복수형

1 모음(a, e, i, o, u)으로 끝나는 명사의 복수형은 끝에 -s를 붙이세요.

libro 책 ➡ libros 책들
리브로   리브로스

casa 집 ➡ casas 집들
까사   까사스

2 자음으로 끝나는 명사의 복수형은 끝에 -es를 붙이세요.

hotel 호텔 ➡ hoteles 호텔들
오뗄   오뗄레스

ciudad 도시 ➡ ciudades 도시들
씨우닫   씨우다데스

★ 예외   -z로 끝나는 명사는 -c로 바꾼 다음 -es를 붙이세요.

pez 물고기 ➡ peces 물고기들
뻬쓰   뻬쎄쓰

스페인어로 '나, 너, 우리'를 말해 보자!

인칭대명사

단수			복수		
1인칭	나	yo 요	우리들	♂ nosotros 노쏘뜨로스 ♀ nosotras 노쏘뜨라스	
2인칭	너	tú 뚜	너희들	♂ vosotros 보쏘뜨로스 ♀ vosotras 보쏘뜨라스	
3인칭	그	él 엘	그들	♂ ellos 에요스	
	그녀	ella 에야	그녀들	♀ ellas 에야스	
	당신	usted 우스뗃	당신들	ustedes 우스떼데스	

1 nosotros, vosotros, ellos: 남성 또는 남녀 혼성으로 구성된 집단

2 nosotras, vosotras, ellas: 여성으로만 구성된 집단

3 usted과 ustedes는 각각 Ud.과 Uds.로 줄여 쓸 수 있어요.

> ★ tú와 usted의 차이점
> ✓ tú(너): 나이가 비슷하거나 친한 사이, 가족 간에 사용해요.
> ✓ usted(당신): 나보다 나이가 많거나 처음 만나는 사이에 사용해요.

엘니뇨의 '엘'과 라니냐의 '라'

관사

영어의 the, a, an처럼 스페인어에도 관사가 있어요. 관사는 남성형과 여성형, 단수형과 복수형이 있어서 명사의 성과 수에 따라 변하니까 조금 복잡해요.

1 정관사 (영어의 the)

정관사는 이미 언급된 것이나 알고 있는 것을 말할 때 써요.

	단수	복수
남성	el 엘	los 로스
여성	la 라	las 라스

el niño 엘 니뇨
그 남자 아이

los niños 로스 니뇨스
그 남자 아이들

la niña 라 니냐
그 여자 아이

las niñas 라스 니냐스
그 여자 아이들

2 부정관사 (영어의 a, an)

부정관사는 처음 언급되거나 정해지지 않은 대상을 말할 때 쓰고, 단수형의 경우 '하나의', 복수형의 경우는 '몇몇의'의 의미를 나타내요.

	단수	복수
남성	un 운	unos 우노스
여성	una 우나	unas 우나스

un libro 운 리브로
책 한 권

unos libros 우노스 리브로스
책 몇 권

una casa 우나 까사
집 한 채

unas casas 우나스 까사스
집 몇 채

형용사는 명사 따라쟁이

형용사의 성과 수

⊘ 형용사의 위치

한국어와 영어에서는 형용사가 명사를 그 앞에서 꾸며주지만 스페인어에서는 주로 형용사가 꾸며주는 명사 뒤에 옵니다.

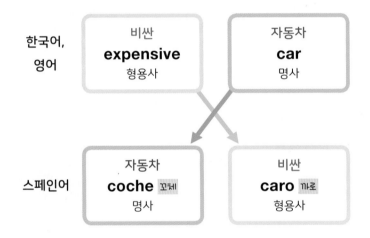

한국어, 영어

| 비싼 **expensive** 형용사 | 자동차 **car** 명사 |

스페인어

| 자동차 **coche** 꼬체 명사 | 비싼 **caro** 까로 형용사 |

✓ 형용사의 성과 수

스페인어는 형용사도 남성과 여성을 구분해요. 앞서서 명사는 고유의 성별이 있다고 공부했죠? 명사를 꾸며주는 형용사는 그 명사의 성과 수에 따라 모양이 바뀌어요.

chico guapo | chicos guapos
소년 잘생긴 | 소년들 잘생긴
잘생긴 소년 | 잘생긴 소년들

chica guapa | chicas guapas
소녀 예쁜 | 소녀들 예쁜
예쁜 소녀 | 예쁜 소녀들

1 -o로 끝나는 형용사는 여성 명사를 꾸밀 때, -o를 -a로 바꿔서 싱을 맞춰요.

✓ **un coche caro** 운 꼬체 까로 비싼 자동차 ★coche는 남성 명사

✓ **una casa cara** 우나 까사 까라 비싼 집 ★casa는 여성 명사

2 그 외의 형용사는 변화 없이 그대로 써요.

✓ **un edificio grande** 운 에디피씨오 그란데 큰 건물 ★edificio는 남성 명사

✓ **una mesa grande** 우나 메사 그란데 큰 탁자 ★mesa는 여성 명사

3 형용사가 꾸며주는 명사가 복수형일 때는 형용사도 복수형으로 써요.
모음으로 끝나면 -s, 자음으로 끝나면 -es를 붙여 복수형을 만들어요.

✓ **las casas caras** 라스 까사스 까라스 비싼 집들

✓ **los actores españoles** 로스 악또레스 에스빠뇰레스 스페인 남자 배우들

동사는 변신의 귀재!

동사의 규칙 변화

✔ 스페인어 동사는 주어와 시제에 따라 여러 형태로 변해요. 말만 들어도 머리가 아프죠? 걱정은 그만~ 규칙형만 알아도 절반은 성공이에요!

> ### 스페인어 동사 어미 3가지
> # -ar, -er, -ir

1 -ar로 끝나는 규칙 동사의 변화형

hablar 말하다		
Yo 나	-o	hablo 아블로
Tú 너	-as	hablas 아블라스
Él, Ella, Usted 그, 그녀, 당신	-a	habla 아블라
Nosotros / Nosotras 우리들	-amos	hablamos 아블라모스
Vosotros / Vosotras 너희들	-áis	habláis 아블라이스
Ellos, Ellas, Ustedes 그들, 그녀들, 당신들	-an	hablan 아블란

2 -er로 끝나는 규칙 동사의 변화형

comer 먹다		
Yo 나	-o	como 꼬모
Tú 너	-es	comes 꼬메스
Él, Ella, Usted 그, 그녀, 당신	-e	come 꼬메
Nosotros / Nosotras 우리들	-emos	comemos 꼬메모스
Vosotros / Vosotras 너희들	-éis	coméis 꼬메이스
Ellos, Ellas, Ustedes 그들, 그녀들, 당신들	-en	comen 꼬멘

3 -ir로 끝나는 규칙 동사의 변화형

vivir 살다		
Yo 나	-o	vivo 비보
Tú 너	-es	vives 비베스
Él, Ella, Usted 그, 그녀, 당신	-e	vive 비베
Nosotros / Nosotras 우리들	-imos	vivimos 비비모스
Vosotros / Vosotras 너희들	-ís	vivís 비비스
Ellos, Ellas, Ustedes 그들, 그녀들, 당신들	-en	viven 비벤

주어가 사라졌다!

주어 생략

✅ 평서문은 '주어 + 동사'의 순서로 시작해요. 그런데 스페인어는 동사의 변화형을 통해 주어를 알 수 있기 때문에 주어를 보통 생략한답니다.

Yo hablo español. 저는 스페인어를 해요.
요 아블로 에스빠뇰

= (Yo) Hablo español.
아블로 에스빠뇰

hablo는 주어가 Yo(나)일 때 hablar의 변화형이에요. 따라서 hablo만 봐도 주어가 Yo라는 것을 유추할 수 있어서 주어인 Yo는 굳이 써주지 않아도 돼요.

✅ 하지만, 3인칭 단수형 또는 복수형의 동사는 주어가 여러 개일 수 있으니 주어가 누구인지 알려줘야겠죠?

Come mucho. 많이 먹는다.
꼬메 무쵸

➡ **Él come mucho.** 그는 많이 먹는다.
엘 꼬메 무쵸

➡ **Ella come mucho.** 그녀는 많이 먹는다.
에야 꼬메 무쵸

come는 주어로 Él, Ella, Usted를 모두 쓸 수 있기 때문에 주어를 생략하지 않고 명확히 밝혀줘야 해요.

거꾸로 된 물음표¿ 거꾸로 된 느낌표¡

문장 종류

1 의문문

의문문은 '동사 + 주어'의 순으로 시작하지만, 평서문을 그대로 쓰고 끝에만 올려서 말해도 괜찮아요. 더군다나 스페인어의 주어는 주로 생략하기 때문에 의문문과 평서문의 어순이 같아 보이는 경우가 많답니다. 단, 스페인어 의문문은 앞뒤에 각각 ¿와 ?를 붙여요.

> **(Tú) Hablas español.** 너는 스페인어를 한다.
> (뚜)   아블라스   에스빠뇰

> 의문문 **¿Hablas (tú) español?** 너는 스페인어를 하니?
>   아블라스   (뚜)   에스빠뇰
>
> **= ¿Hablas español?**

2 부정문

부정문은 동사 앞에 **no**만 붙이면 돼요.

➡ **Yo no vivo aquí.** 저는 이곳에 살지 않습니다.
   요   노   비보   아끼

3 감탄문

감탄문의 경우에도 문장의 앞뒤에 각각 ¡와 !를 붙여요.

➡ **¡Hola!** 안녕! / 안녕하세요!
   올라

모두 반갑게, 올라! (¡Hola!)

인사와 기본 표현

✅ 인사

¡Hola!
올라

안녕! / 안녕하세요!

상대방의 연령과 성별, 시간대와
상관없이 할 수 있는 일반적인 인사

Buenos días.
부에노스 디아스

안녕! / 안녕하세요!

아침에 할 수 있는 인사

Buenas tardes.
부에나스 따르데스

안녕! / 안녕하세요!

오후에 할 수 있는 인사

Buenas noches.
부에나스 노체스

안녕! / 안녕하세요!
잘자. / 안녕히 주무세요.

저녁에 할 수 있는 인사
(잠 자러 가기 전 할 수 있는 인사)

Mucho gusto.
무쵸 구스또

만나서 반갑습니다.

처음 만났을 때 할 수 있는 인사

¡Chao!
챠오

잘가!

편한 사이에 헤어질 때 하는 인사

✅ 기본 표현 ━━━━━━━━━━━━━━━━━━━━━━

¡Felicidades!
펠리씨다데스

축하해!

상대방에게 축하를 전하는 표현

Gracias.
그라시아스

고마워. / 고맙습니다.

상대방에게 감사를 전하는 표현

De nada.
데 나다

별말씀을요.

감사의 인사를 받았을 때의 대답

Lo siento.
로 씨엔또

미안해. / 죄송합니다.

상대방에게 사과를 하는 표현

¡Hola!

Buenos días.

PART
01

나에 대해
말해 볼까요?

01 나는 미나야.

soy로 내 소개하기

2분 초간단 개념 잡기

soy[쏘이]는 '~이다'라는 뜻이에요. 주어가 '나(yo)'일 때 쓰는 ser[쎄르] 동사의 변화형 입니다. soy 뒤에 이름, 국적, 직업, 신분 등을 나타내는 말을 넣어 나를 소개하는 문장을 말할 수 있어요.

Yo	soy	Mina.
요	쏘이	미나
나는	~이다	미나

soy 자체가 주어가 '나'라는 걸 나타내니까 주어는 생략 가능!

2분 입에서 바로 나오는 문장 말하기   🔊 1-1

Soy estudiante.
쏘이 에스뚜디안떼

나는 학생이야.

Soy oficinista.
쏘이 오피씨니스따

나는 회사원이야.

Soy coreano ♂ / coreana ♀.
쏘이 꼬레아노   꼬레아나
　　　　　 본인의 성별에 맞게 쓰세요!

나는 한국 사람이야.

✔ 단어 체크

estudiante 에스뚜디안떼 학생 / oficinista 오피씨니스따 회사원 / coreano 꼬레아노 ♂ - coreana
꼬레아나 ♀ 한국 사람

3분 회화로 응용하기

🔊 1-2

처음 만나는 사람과 자기소개를 하는 대화를 연습해 볼까요? 각 빈칸에 주어진 어휘를
차례대로 넣어 말해 보세요.

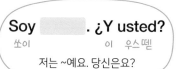

Soy ___. ¿Y usted?
쏘이   이 우스떼
저는 ~예요. 당신은요?

Soy ___.
쏘이
저는 ~예요.

1	**Mina** [미나] 미나
2	**estudiante** [에스뚜디안떼] 학생
3	**coreano** [꼬레아노] ♂ 한국 사람 **coreana** [꼬레아나] ♀
4	**profesor** [쁘로페쏘르] ♂ 교사 **profesora** [쁘로페쏘라] ♀

1	**Pablo** [빠블로] 파블로
2	**oficinista** [오피씨니스따] 회사원
3	**español** [에스빠뇰] ♂ 스페인 사람 **española** [에스빠뇰라] ♀
4	**médico** [메디꼬] ♂ 의사 **médica** [메디까] ♀

3분 문제로 확인해 보기

스페인어는 우리말로, 우리말은 스페인어로 바꿔 보세요.

1 Soy oficinista. ▶ _____

2 Soy coreano. ▶ _____

3 저는 교사예요. ♂ ▶ _____

오늘의 10분 끝!

02 네가 마리아니?

¿Eres/Es ~?로 상대방 확인하기

2분 초간단 개념 잡기

주어가 '너(tú)'일 때 eres[에레스], '당신(usted)'일 때는 es[에스]로 '~이다'라는 표현을 해요. 의문문의 형태로 상대방의 이름, 직업, 국적, 신분 등을 확인하는 질문을 해보세요.

¿Eres	tú	María?
에레스	뚜	마리아
~이니?	너는	마리아

> 의문문은 문장 앞에 거꾸로 된 물음표(¿)를 붙여 줍니다.

2분 입에서 바로 나오는 문장 말하기 🔊 2-1

¿Eres tú estadounidense?
에레스 뚜 에스따도우니덴세
너는 미국 사람이니?

¿Es Ud. profesor ♂ / profesora ♀?
에스 우스뗃 쁘로페쏘르 쁘로페쏘라
상대방의 성별에 맞게 쓰세요!
당신은 교사인가요?

¿Es Ud. francés ♂ / francesa ♀?
에스 우스뗃 프랑쎄스 프랑쎄싸
당신은 프랑스 사람인가요?

✓ 단어 체크

estadounidense 에스따도우니덴세 미국 사람 / profesor 쁘로페쏘르 ♂ - profesora 쁘로페쏘라 ♀ 교사 /
francés 프랑쎄스 ♂ - francesa 프랑쎄싸 ♀ 프랑스 사람

3분 회화로 응용하기 🎧 2-2

상대방의 신분을 확인하는 대화를 연습해 볼까요? 각 빈칸에 주어진 어휘를 차례대로
넣어 말해 보세요.

¿Es Ud. ____?
에스 우스뗃
당신은 ~인가요?

No, soy ____.
노 쏘이
아니요, 저는 ~예요.

1	**policía** [뽈리씨아] 경찰관
2	**francés** [프랑쎄스] ♂ 프랑스 사람 **francesa** [프랑쎄싸] ♀
3	**profesor** [쁘로페쏘르] ♂ 교사 **profesora** [쁘로페쏘라] ♀
4	**deportista** [데뽀르띠스따] 운동 선수

1	**médico** [메디꼬] ♂ 의사 **médica** [메디까] ♀
2	**mexicano** [메히까노] ♂ 멕시코 사람 **mexicana** [메히까나] ♀
3	**oficinista** [오피씨니스따] 회사원
4	**estudiante** [에스뚜디안떼] 학생

3분 문제로 확인해 보기

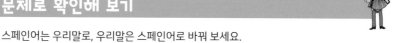

스페인어는 우리말로, 우리말은 스페인어로 바꿔 보세요.

1 ¿Eres tú francesa? ▶ _____

2 ¿Es Ud. profesor? ▶ _____

3 너는 멕시코 사람이니? ♀ ▶ _____

오늘의 10분 끝!

02 네가 마리아니? 39

나는 잘 지내.

03 ───────────────────

estoy로 내 상태 말하기

초간단 개념 잡기

estoy[에스또이]는 '(상태가) ~하다'라는 뜻으로 주어가 '나(yo)'일 때 쓰는 estar[에스따르] 동사의 변화형이에요. 누군가 안부를 물어보면 estoy 뒤에 내 상태를 나타내는 말을 써서 대답해 보세요.

Estoy	bien.
에스또이	비엔
나는 ~하다	좋은, 잘

입에서 바로 나오는 문장 말하기 3-1

Estoy así así.
에스또이　아씨　아씨

나는 그럭저럭 지내.

Estoy muy bien.
에스또이　무이　비엔

나는 아주 잘 지내.

Estoy mal.
에스또이　말

나는 잘 못 지내.

✔ 단어 체크

bien 비엔 잘 / así así 아씨 아씨 그럭 저럭 / muy 무이 아주, 매우 / mal 말 좋지 않게

회화로 응용하기 🎧 3-2

상태를 묻고 답하는 대화를 연습해 볼까요? 빈칸에 주어진 어휘를 차례대로 넣어 말해 보세요.

¿Cómo estás?
꼬모 　 에스따스

어떻게 지내?

Estoy 　　　.
에스또이

나는 ~해.

예의를 갖춰야 하는 상대에게는
¿Cómo está usted?
꼬모 　 에스따 　 우스뗃

1	**bien** [비엔]	잘
2	**así así** [아씨 아씨]	그럭저럭
3	**mal** [말]	좋지 않게
4	**regular** [ㄹ레굴라르]	평범하게

문제로 확인해 보기

스페인어는 우리말로, 우리말은 스페인어로 바꿔 보세요.

1 Estoy bien. ▶ _____

2 Estoy así así. ▶ _____

3 나는 잘 못 지내. ▶ _____

오늘의 10분 끝!

나 피곤해.

estoy로 내 상태와 기분 말하기

 초간단 개념 잡기

estoy[에스또이]는 나의 상태뿐만 아니라 기분을 표현할 때도 활용할 수 있어요. 이때 estoy 뒤에 쓰는 상태와 기분을 나타내는 표현은 나의 성별에 맞춰야 해요.

Estoy ⟩ **cansado ♂/ cansada ♀.**

에스또이   깐사도/깐사다
나는 ~하다   피곤한

 입에서 바로 나오는 문장 말하기   4-1

Estoy feliz.
에스또이   펠리쓰   나 행복해.

Estoy enojado ♂ / enojada ♀.
에스또이   에노하도   에노하다   나 화났어.

> 본인의 성별이 남자라면 enojado, 여자라면 enojada를 쓰세요.

Estoy aburrido ♂ / aburrida ♀.
에스또이   아부ㄹ리도   아부ㄹ리다   나 지루해.

✔ 단어 체크

cansado 깐사도 ♂ - cansada 깐사다 ♀ 피곤한 / feliz 펠리쓰 행복한 / enojado 에노하도 ♂ - enojada 에노하다 ♀ 화난 / aburrido 아부ㄹ리도 ♂ - aburrida 아부ㄹ리다 ♀ 지루한

⏱3분 회화로 응용하기 🔊 4-2

상태와 기분을 묻고 답하는 대화를 연습해 볼까요? 각 빈칸에 주어진 어휘를 차례대로
넣어 말해 보세요.

¿Estás bien?
에스따스 비엔
너 괜찮니?

No, estoy ▢▢▢▢.
노 에스또이
아니, 나는 ~해.

예의를 갖춰야 하는 상대에게는
¿Está bien?
에스따 비엔

1	cansado [깐사도] ♂ 피곤한
	cansada [깐사다] ♀
2	enojado [에노하도] ♂ 화난
	enojada [에노하다] ♀
3	aburrido [아부ㄹ리도] ♂ 지루한
	aburrida [아부ㄹ리다] ♀
4	enfermo [엔페르모] ♂ 아픈
	enferma [엔페르마] ♀

⏱3분 문제로 확인해 보기

스페인어는 우리말로, 우리말은 스페인어로 바꿔 보세요.

1 Estoy cansado. ▸ _____

2 Estoy enojada. ▸ _____

3 나 아파. ♂ ▸ _____

오늘의 10분 끝!

04 나 피곤해. 43

05 나는 집에 있어.

estoy en으로 내가 있는 곳 말하기

2분 초간단 개념 잡기

estoy[에스또이]는 '나는 (장소에) 있다'라는 뜻으로도 쓸 수 있어요. 뒤에 '~에'를 뜻하는 en[엔]을 붙이면 '나는 ~에 있다'라는 표현을 할 수 있습니다.

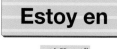

Estoy en	**casa.**
에스또이 엔	까사
나는 ~에 있다	집

2분 입에서 바로 나오는 문장 말하기

  🔊 5-1

Estoy en la escuela.
에스또이　엔　라　에스꾸엘라

나는 학교에 있어.

> la는 명사가 가진 고유의 성별이 여성이고 단수일 때 쓰는 정관사예요. (남성 단수형은 el)

Estoy en la oficina.
에스또이　엔　라　오피씨나

나는 사무실에 있어.

Estoy en Seúl.
에스또이　엔　쎄울

나는 서울에 있어.

✔ 단어 체크

casa 까사 ♀ 집 / escuela 에스꾸엘라 ♀ 학교 / oficina 오피씨나 ♀ 사무실 / Seúl 쎄울 서울

3분 회화로 응용하기   🔊 5-2

어디에 있는지 묻고 답하는 대화를 연습해 볼까요? 빈칸에 주어진 어휘를 차례대로
넣어 말해 보세요.

¿Dónde estás?
돈데   에스따스
너 어디야?

Estoy en [　　　].
에스또이   엔
나는 ~에 있어.

예의를 갖춰야 하는 상대에게는
¿Dónde está?
돈데   에스따

1 casa [까사] ♀ 집
2 la escuela [라 에스꾸엘라] ♀ 학교
3 la oficina [라 오피씨나] ♀ 사무실
4 la biblioteca [라 비블리오떼까] ♀ 도서관
5 el extranjero [엘 엑스뜨랑헤로] ♂ 외국, 해외

남성 단수형 정관사 el / 여성 단수형 정관사 la

3분 문제로 확인해 보기

스페인어는 우리말로, 우리말은 스페인어로 바꿔 보세요.

1 Estoy en casa.　　▶ _____

2 Estoy en la oficina.　▶ _____

3 나는 학교에 있어.　　▶ _____

오늘의 10분 끝!

1, 그림에 알맞은 단어가 완성되도록 빈칸에 알맞은 알파벳을 써 보세요.

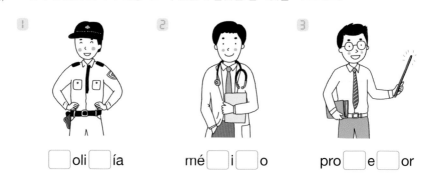

① ⬜ oli ⬜ ía   ② mé ⬜ i ⬜ o   ③ pro ⬜ e ⬜ or

2, 자연스러운 문장이 되도록 **보기** 에서 알맞은 것을 모두 골라 빈칸에 쓰세요.

> **보기**   cansado / Mina / feliz / oficinista

① Soy _____ .

② Estoy _____ .

3, 대화의 내용을 참고하여 Juan이 있는 곳을 고르세요.

> **Ana** ¿Dónde estás?
> **Juan** Estoy en casa.

① ② ③

4 / 빈칸에 공통으로 들어갈 단어를 쓰세요.

✓ [　　　　　] bien.

✓ [　　　　　] mal.

✓ [　　　　　] así así.

5 / 우리말에 맞게 빈칸을 채워 문장을 완성해 보세요.

1 저는 (남자) 한국 사람이에요.

Soy _____.

2 저는 회사원이에요.

_____ oficinista.

3 너는 (여자) 선생님이니?

¿_____ profesora?

4 너는 어떻게 지내?

¿Cómo _____?

5 당신은 (여자) 프랑스 사람인가요?

¿Es usted _____?

나는 은행에서 일해.

06

trabajo en으로 내가 일하는 곳 말하기

2분 초간단 개념 잡기

trabajo[뜨라바호]는 '일하다'라는 뜻으로 주어가 '나(yo)'일 때 쓰는 trabajar[뜨라바하르] 동사의 변화형이에요. '~에서'를 의미하는 en[엔]과 함께 써서 내가 어디에서 일하는지 말할 수 있어요.

> **Trabajo en** 〉 **un banco.**
> 뜨라바호 엔   운 방꼬
> 나는 ~에서 일한다   은행

2분 입에서 바로 나오는 문장 말하기 6-1

Trabajo en un hotel.
뜨라바호 엔 운 오뗄

나는 호텔에서 일해.

> un은 명사가 가진 고유의 성별이 남성이고 단수일 때 쓰는 부정관사예요. (여성 단수형은 una)

Trabajo en una empresa.
뜨라바호 엔 우나 엠쁘레사

나는 회사에서 일해.

Trabajo en una universidad.
뜨라바호 엔 우나 우니베르시닫

나는 대학교에서 일해.

✔ 단어 체크

banco 방꼬 은행 / hotel 오뗄 호텔 / empresa 엠쁘레사 회사 / universidad 우니베르시닫 ♀ 대학교

3분 회화로 응용하기 　　　　🎧 6-2

상대방이 어디에서 일하는지 묻고 답하는 대화를 연습해 볼까요? 빈칸에 주어진 어휘를 차례대로 넣어 말해 보세요.

> **¿Dónde trabajas?**
> 돈데　　뜨라바하스
> 너는 어디서 일하니?

> **Trabajo en ____.**
> 뜨라바호　엔
> 나는 ~에서 일해.

예의를 갖춰야 하는 상대에게는
¿Dónde trabaja?
돈데　　뜨라바하

1	un **hotel** [운 오뗄] ♂ 호텔
2	una **empresa** [우나 엠쁘레사] ♀ 회사
3	una **universidad** [우나 우니베르시닫] ♀ 대학교
4	una **tienda** [우나 띠엔다] ♀ 상점, 가게
5	un **hospital** [운 오스삐딸] ♂ 병원

남성 단수형 부정관사 un / 여성 단수형 정관사 una

3분 문제로 확인해 보기

스페인어는 우리말로, 우리말은 스페인어로 바꿔 보세요.

1 Trabajo en un hotel.　▶ _____

2 나는 회사에서 일해.　▶ _____

3 Trabajo en una tienda.　▶ _____

오늘의 10분 끝!

07 나는 운동을 해.

hago로 내가 하는 일 말하기

2분 초간단 개념 잡기

hago[아고]는 '하다'라는 뜻으로 주어가 '나(yo)'일 때 쓰는 hacer[아쎄르] 동사의 변화형이에요. 이 동사 뒤에 행동을 나타내는 다양한 명사를 써서 내가 하는 일을 표현할 수 있어요.

Hago / **ejercicio.**

아고 / 에헤르씨씨오

나는 ~를 한다 / 운동

2분 입에서 바로 나오는 문장 말하기   🔊 7-1

Hago la comida.
아고 라 꼬미다

나는 식사 준비를 해.

Hago la mudanza.
아고 라 무단싸

나는 이사를 해.

Hago la tarea.
아고 라 따레아

나는 과제를 해.

✔ 단어 체크

ejercicio 에헤르씨씨오 ♂ 운동 / comida 꼬미다 ♀ 음식 / mudanza 무단싸 ♀ 이사 / tarea 따레아 ♀ 과제

3분 회화로 응용하기

🔊 7-2

상대방과 하고 있는 일을 묻고 답하는 대화를 연습해 볼까요? 빈칸에 주어진 어휘를
차례대로 넣어 말해 보세요.

¿Qué haces?

께   아쎄쓰

너 뭐 해?

예의를 갖춰야 하는 상대에게는

¿Qué hace?

께   아쎄

Hago ▢▢▢▢.

아고

나는 ~을 해.

1 **ejercicio** [에헤르씨씨오] ♂운동

2 **la comida** [라 꼬미다] ♀음식

3 **la mudanza** [라 무단싸] ♀이사

4 **la tarea** [라 따레아] ♀과제

5 **yoga** [요가] ♂요가

남성 단수형 정관사 el / 여성 단수형 정관사 la

3분 문제로 확인해 보기

스페인어는 우리말로, 우리말은 스페인어로 바꿔 보세요.

1 Hago ejercicio. ▶ _____

2 나는 요가를 해. ▶ _____

3 Hago la tarea. ▶ _____

오늘의 10분 끝!

07 나는 운동을 해. 51

나는 스페인어를 해.

hablo로 내가 사용하는 언어 말하기

08

2분 초간단 개념 잡기

hablo[아블로]는 '말하다'라는 뜻으로 주어가 '나(yo)'일 때 hablar[아블라르] 동사의 변화형이에요. hablo 뒤에 다양한 언어 이름을 넣어 내가 어떤 언어를 할 줄 아는지 말할 수 있어요.

Hablo **español.**

아블로
나는 ~를 (말)한다

에스빠뇰
스페인어

2분 입에서 바로 나오는 문장 말하기

  8-1

Hablo inglés.
아블로　잉글레스

나는 영어를 해.

Hablo coreano.
아블로　꼬레아노

나는 한국어를 해.

Hablo chino.
아블로　치노

나는 중국어를 해.

✔ 단어 체크

español 에스빠뇰 👆 스페인어 / inglés 잉글레스 👆 영어 / coreano 꼬레아노 👆 한국어 / chino 치노 👆 중국어

상대방과 어떤 언어를 하는지 묻고 답하는 대화를 연습해 볼까요? 각 빈칸에 주어진 어휘를 차례대로 넣어 말해 보세요.

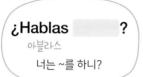

¿Hablas [ ]?
아블라스
너는 ~를 하니?

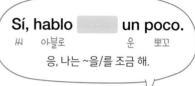

Sí, hablo [ ] un poco.
씨   아블로   운   뽀꼬
응, 나는 ~을/를 조금 해.

예의를 갖춰야 하는 상대에게는
¿Habla [ ]?
아블라

1 **español** [에스빠뇰] ♂ 스페인어
2 **coreano** [꼬레아노] ♂ 한국어
3 **inglés** [잉글레스] ♂ 영어
4 **chino** [치노] ♂ 중국어
5 **japonés** [하뽀네스] ♂ 일본어

3분 문제로 확인해 보기

스페인어는 우리말로, 우리말은 스페인어로 바꿔 보세요.

1 Hablo coreano. ▶ _____

2 Hablo inglés. ▶ _____

3 나는 스페인어를 해. ▶ _____

오늘의 10분 끝!

나는 지하철을 타.

09

tomo로 내가 이용하는 교통수단 말하기

2분 초간단 개념 잡기

tomo[또모]는 '타다'라는 뜻으로 주어가 '나(yo)'일 때 tomar[또마르] 동사의 변화형이에 요. tomo 뒤에 다양한 교통수단을 넣어 내가 무엇을 타고 다니는지 말할 수 있어요.

Tomo	**el metro.**
또모	엘 메뜨로
나는 ~을 탄다	지하철

2분 입에서 바로 나오는 문장 말하기   🔊 9-1

Tomo el autobús.
또모   엘   아우또부스

나는 버스를 타.

Tomo el tren.
또모   엘   뜨렌

나는 기차를 타.

Tomo el taxi.
또모   엘   딱씨

나는 택시를 타.

✔ 단어 체크

metro 메뜨로 👄 지하철 / autobús 아우또부스 👄 버스 / tren 뜨렌 👄 기차 / taxi 딱씨 👄 택시

3분 회화로 응용하기 🔊 9-2

어떤 교통수단을 이용하는지 묻고 답하는 대화를 연습해 볼까요? 각 빈칸에 주어진
어휘를 차례대로 넣어 말해 보세요.

¿Tomas   ?
또마스
너는 ~을/를 타니?

Sí, tomo   .
씨   또모
응, 난 ~을/를 타.

예의를 갖춰야 하는 상대에게는
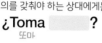
¿Toma   ?
또마

1   el **metro** [엘 메뜨로] ♂ 지하철
2   el **autobús** [엘 아우또부스] ♂ 버스
3   el **tren** [엘 뜨렌] ♂ 기차
4   el **avión** [엘 아비온] ♂ 비행기
5   el **tranvía** [엘 뜨란비아] ♂ 트램

남성 단수형 정관사 el / 여성 단수형 정관사 la

3분 문제로 확인해 보기

스페인어는 우리말로, 우리말은 스페인어로 바꿔 보세요.

1 Tomo el taxi. ▶ _____

2 나는 지하철을 타. ▶ _____

3 나는 버스를 타. ▶ _____

오늘의 10분 끝!

10 나는 서울에 살아.

vivo en으로 내가 사는 곳 말하기

②분 초간단 개념 잡기

vivo[비보]는 '살다'라는 뜻으로 주어가 '나(yo)'일 때 vivir[비비르] 동사의 변화형이에요.
'~에'를 의미하는 en[엔]과 함께 써서 내가 사는 곳을 말할 수 있어요.

비보 엔　　　　　　쎄울
나는 ~에 산다　　　서울

②분 입에서 바로 나오는 문장 말하기　🔊 10-1

Vivo en el campo.
비보　엔　엘　깜뽀

나는 시골에 살아.

Vivo en el apartamento.
비보　엔　엘　아빠르따멘또

나는 아파트에 살아.

Vivo en la calle Mayor.
비보　엔　라　까예　마요르

나는 마요르 가에 살아.

✔단어 체크

Seúl 쎄울 서울 / campo 깜뽀 ♂ 시골 / apartamento 아빠르따멘또 ♂ 아파트 / calle 까예 ♀ 거리

3분 회화로 응용하기 🎧 10-2

어디에 사는지 묻고 답하는 대화를 연습해 볼까요? 빈칸에 주어진 어휘를 차례대로
넣어 말해 보세요.

¿Dónde vives?
돈데   비비스
너는 어디에 사니?

Vivo en _____.
비보   엔
나는 ~에 살아.

예의를 갖춰야 하는 상대에게는

¿Dónde vive?
돈데   비베

1 **Seúl** [쎄울] 서울

2 **el campo** [엘 깜뽀] ♂ 시골

3 **el apartamento** [엘 아빠르따멘또] ♂ 아파트

4 **la calle Mayor** [라 까예 마요르] ♀ 마요르 가

5 **el dormitorio** [엘 도르미또리오] ♂ 기숙사

남성 단수형 정관사 el / 여성 단수형 정관사 la

3분 문제로 확인해 보기

스페인어는 우리말로, 우리말은 스페인어로 바꿔 보세요.

❶ Vivo en el apartamento. ▶ _____

❷ 나는 서울에 살아.   ▶ _____

❸ Vivo en el dormitorio.   ▶ _____

오늘의 10분 끝!

1. 우리말에 맞게 보기 에 주어진 단어를 골라 빈칸에 쓰세요.

> 보기 Tomo / Vivo / Hablo / Trabajo

1 나는 지하철을 타.

_____ el metro.

2 저는 한국어를 해요.

_____ coreano.

3 나는 서울에 살아.

_____ en Seúl.

4 나는 은행에서 일해.

_____ en un banco.

2. 주어진 단어 Hablo와 맞출 수 없는 퍼즐 조각을 고르세요.

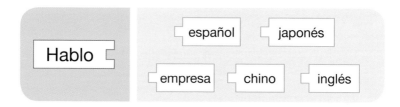

3. 빈칸에 공통으로 들어갈 알파벳을 쓰세요.

✓ el au[ ]obús   ✓ el [ ]axi   ✓ el [ ]ren

4/ 그림을 보고 빈칸에 알맞은 말을 쓰세요.

ㅣ Trabajo en un _____ .

ㄹ Trabajo en una _____ .

ㅌ Trabajo en un _____ .

5/ 우리말에 맞게 빈칸에 알맞은 철자를 넣어 문장을 완성하세요.

ㅣ 나는 운동을 해.　　▸ Hago ☐ jercicio.

ㄹ 나는 과제를 해.　　▸ Hago la ☐ area.

ㅌ 나는 식사 준비를 해.　　▸ Hago la ☐ omida.

정답				
1/	ㅣ Tomo	ㄹ Hablo	ㅌ Vivo	ㅕ Trabajo
2/	empresa		3/ t	
4/	ㅣ hotel	ㄹ universidad / escuela		ㅌ hospital
5/	ㅣ e	ㄹ t	ㅌ c ·	

생활 속 스페인어

우리가 자주 썼던 말이 혹시 스페인어였다면? 주변에서 쉽게 듣고, 말했던 단어에 의외로 스페인어가 많이 숨어 있어요. 한번 알아볼까요?

metro 메뜨로 지하철

parasol 빠라쏠 파라솔

café 까페 커피

plaza 쁠라싸 광장

Feliz Navidad 펠리쓰 나비닫
메리 크리스마스

평소에 흔히 썼던 말들이 알고 보니 스페인어라는 사실! 정말 신기하지 않나요?
이번에는 그동안 잘못 읽고 있던 스페인어를 찾아볼까요?

스페인 명문 축구팀 '레알 마드리드'

Real Madrid ㄹ레알 마드릴

쿠바의 수도 '하바나'

Habana 아바나

스페인의 국민 간식 '츄러스'

churros 츄ㄹ로스

멕시코 음식 '퀘사디야'

quesadilla 께사디야

자, 이제는 스페인어 발음에 맞게 읽을 수 있겠죠? 혹시나 아직도 잘 모르는 사람
이 있다면 여러분이 정확한 발음으로 멋지게 읽어주세요~

11 나는 가족과 함께 살아.

vivo con으로 내가 누구와 사는지 말하기

2분 초간단 개념 잡기

주어가 '나(yo)'일 때 쓰는 '살다'라는 뜻의 동사 vivo[비보]와 '~와 함께'를 의미하는
con[꼰]을 같이 쓰면 내가 누구와 함께 사는지 말할 수 있어요.

Vivo con ⟩ **mi familia.**

비보 꼰 　　　　　　 미 파밀리아

나는 ~와 함께 산다 　　 나의 가족

2분 입에서 바로 나오는 문장 말하기 🎧 11-1

Vivo con mi perro.
비보　꼰　미　뻬ㄹ로

나는 강아지와 함께 살아.

> mi는 '나의'라는 뜻으로 소유격을 나타내요. 복수 명사 앞에는 mis를 써요.

Vivo con mis padres.
비보　꼰　미스　빠드레스

나는 부모님과 함께 살아.

Vivo con mi hermano.
비보　꼰　미　에르마노

나는 남동생과 함께 살아.

✓ 단어 체크

mi 미 나의 / familia 파밀리아 ♀ 가족 / perro 뻬ㄹ로 ♂ 강아지 / padres 빠드레스 ♂ 부모님 /
hermano 에르마노 ♂ 형, 오빠, 남동생

3분 회화로 응용하기

🔊 11-2

누구와 사는지 묻고 답하는 대화를 연습해 볼까요? 빈칸에 주어진 어휘를 차례대로 넣어 말해 보세요.

¿Con quién vives?
꼰   끼엔   비베스
너는 누구랑 사니?

Vivo con ____.
비보   꼰
나는 ~와 함께 살아.

예의를 갖춰야 하는 상대에게는
¿Con quién vive?
꼰   끼엔   비베

1	**mi familia** [미 파밀리아]	나의 가족
2	**mi perro** [미 뻬ㄹ로]	나의 강아지
3	**mis padres** [미스 빠드레스]	나의 부모님
4	**mi hermana** [미 에르마나]	나의 언니, 누나, 여동생
5	**mi amigo** [미 아미고] ♂	나의 친구
	mi amiga [미 아미가] ♀	

3분 문제로 확인해 보기

스페인어는 우리말로, 우리말은 스페인어로 바꿔 보세요.

1 Vivo con mis padres.　▶ _____

2 나는 강아지와 함께 살아.　▶ _____

3 나는 내 친구와 함께 살아. ♂　▶ _____

오늘의 **10분** 끝!

12 나는 사무실에 가.

voy a로 내가 가는 곳 말하기

2분 초간단 개념 잡기

voy[보이]는 '가다'라는 뜻으로 주어가 '나(yo)'일 때 ir[이르] 동사의 변화형이에요. 뒤에
'~로/에'의 의미인 a[아]를 함께 써서 나의 행선지를 말할 수 있어요. 이때, a와 남성 단수
정관사 el이 만나면 al이 된다는 것을 주의하세요!

| **Voy a** | **la oficina.** |

보이 아 　　　　 라 오피씨나

나는 ~에 간다 　　　 사무실

2분 입에서 바로 나오는 문장 말하기　🔊 12-1

Voy a casa.
보이　아　　까사

나는 집에 가.

Voy a la universidad.
보이　아　라　　우니베르시닫

나는 학교에 가.

Voy al supermercado.
보이　알　　수뻬르메르까도

a + el supermercado → al supermercado

나는 슈퍼마켓에 가.

✓ 단어 체크

oficina 오피씨나 ♀사무실 / casa 까사 ♀집 / universidad 우니베르시닫 ♀대학교 /
supermercado 수뻬르메르까도 ♂슈퍼마켓

3분 회화로 응용하기 🔊 12-2

행선지를 묻고 답하는 대화를 연습해 볼까요? 빈칸에 주어진 어휘를 차례대로 넣어 말해 보세요.

★ a와 남성 단수 정관사 'el'이 만나면 'al'이 된답니다!

¿A dónde vas?
아 돈데 바스
어디 가니?

Voy a[al] _____.
보이 아[알]
나는 ~에 가.

예의를 갖춰야 하는 상대에게는
¿A dónde va?
아 돈데 바

1 la **oficina** [라 오피씨나] ♀ 사무실

2 **casa** [까사] 집

3 la **universidad** [라 우니베르시닫] ♀ 대학교

4 el **supermercado** [엘 수뻬르메르까도] ♂ 슈퍼마켓

5 el **cine** [엘 씨네] ♂ 영화관

남성 단수형 정관사 el / 여성 단수형 정관사 la

3분 문제로 확인해 보기

스페인어는 우리말로, 우리말은 스페인어로 바꿔 보세요.

1 Voy al cine. ▶ _____

2 나는 사무실에 가. ▶ _____

3 나는 집에 가. ▶ _____

오늘의 10분 끝!

12 나는 사무실에 가. 65

13 나는 스페인어를 공부할 거야.

voy a로 내 계획 말하기

2분 초간단 개념 잡기

voy[보이]는 나의 가까운 미래의 계획을 말할 때도 쓸 수 있어요. voy a[보이 아] 뒤에 동사원형을 쓰면 '나는 ~을/를 할 것이다'라는 뜻이 됩니다.

Voy a ⟩ **estudiar español.**

보이 아   에스뚜디아르 에스빠뇰
나는 ~를 할 것이다   스페인어를 공부하다

2분 입에서 바로 나오는 문장 말하기

  🎧 13-1

Voy a ir de compras.
보이 아 이르 데   꼼쁘라스

나는 쇼핑을 할 거야.

Voy a descansar.
보이 아   데스깐싸르

나는 좀 쉴 거야.

Voy a viajar a España.
보이 아 비아하르 아   에스빠냐

나는 스페인으로 여행을 갈 거야.

> a는 '~로'라는 뜻도 있어서 행선지 앞에 쓰기도 해요.

✔ 단어 체크

estudiar 에스뚜디아르 공부하다 / español 에스빠뇰 🎧 스페인어 / ir de compras 이르 데 꼼쁘라스 쇼핑을
하다 / descansar 데스깐싸르 휴식을 취하다 / viajar 비아하르 여행을 가다 / España 에스빠냐 스페인

3분 회화로 응용하기 🎧 13-2

계획을 묻고 답하는 대화를 연습해 볼까요? 빈칸에 주어진 어휘를 차례대로 넣어 말해
보세요.

¿Qué vas a hacer?
께 바스 아 아쎄르
너 뭐 할 거야?

Voy a [   ].
보이 아
나는 ~를 할 거야.

예의를 갖춰야 하는 상대에게는
¿Qué va a hacer?
께 바 아 아쎄르

1 **estudiar** [에스뚜디아르] 공부하다

2 **ir de compras** [이르 데 꼼쁘라스] 쇼핑을 하다

3 **viajar** [비아하르] 여행을 가다

4 **hacer ejercicio** [아쎄르 에헤르씨씨오] 운동을 하다

5 **ver una película** [베르 우나 뻴리꿀라] 영화를 보다

3분 문제로 확인해 보기

스페인어는 우리말로, 우리말은 스페인어로 바꿔 보세요.

1 Voy a estudiar español. ▶ _____

2 나는 쇼핑을 할 거야.　　▶ _____

3 나는 운동을 할 거야.　　▶ _____

오늘의 10분 끝!

14

너 잘 거야?

¿Vas/Va a ~?로 상대방의 계획 물어보기

2분 초간단 개념 잡기

「¿Vas[바스]/Va[바] a + 동사원형?」은 '~할 거니/할 건가요?'라는 뜻으로 상대방의 가까운 미래의 계획을 물어보는 표현이에요. vas와 va는 voy와 같은 ir 동사인데 주어가 '너(tú)'일 때 vas로, '당신(Ud.)'일 때 va로 변합니다.

¿Vas/Va a	dormir?
바스/바 아	도르미르
~할 거니?/~할 건가요?	잠을 자다

2분 입에서 바로 나오는 문장 말하기

 14-1

¿Vas a comer algo?
바스 아 꼬메르 알고

너 뭐 좀 먹을 거니?

¿Va a viajar?
바 아 비아하르

당신은 여행을 하실 건가요?

¿Va a ir de compras?
바 아 이르 데 꼼쁘라스

당신은 쇼핑을 하실 건가요?

✓ **단어 체크**

dormir 도르미르 잠을 자다 / comer 꼬메르 먹다 / algo 알고 무언가 / viajar 비아하르 여행을 가다 /
ir de compras 이르 데 꼼쁘라스 쇼핑을 하다

3분 회화로 응용하기

할 일을 묻고 답하는 대화를 연습해 볼까요? 빈칸에 주어진 어휘를 차례대로 넣어 말해 보세요.

¿Vas a [   ]?
바스 아
너는 ~을/를 할 거니?

No. Voy a estudiar.
노　보이　아　에스뚜디아르
아니. 나는 공부할 거야.

예의를 갖춰야 하는 상대에게는
¿Va a [   ]?
바 아

1　dormir [도르미르] 삼늘 사나

2　comer algo [꼬메르 알고] 무언가를 먹다

3　ir de compras [이르 데 꼼쁘라스] 쇼핑을 하다

4　pasear [빠세아르] 산책하다

5　cocinar [꼬씨나르] 요리하다

3분 문제로 확인해 보기

스페인어는 우리말로, 우리말은 스페인어로 바꿔 보세요.

1 너는 산책을 할 거니?　▶ _____

2 ¿Vas a comer algo?　▶ _____

3 ¿Va a viajar?　▶ _____

오늘의 10분 끝!

15 우리 여행 가자.

vamos a로 함께 할 일 제안하기

초간단 개념 잡기

vamos[바모스]는 주어가 '우리들(nosotros/nosotras)'일 때 ir 동사의 변화형인데요,
vamos a[바모스 아] 뒤에 동사원형을 붙이면 '우리 ~하자'라는 뜻이 돼요.

Vamos a	**viajar.**
바모스 아	비아하르
우리 ~하자	여행 가다

입에서 바로 나오는 문장 말하기 🔊 15-1

Vamos a descansar.
바모스 아 데스깐싸르

우리 쉬자.

Vamos a pagar a escote.
바모스 아 빠가르 아 에스꼬떼

우리 더치페이하자.

Vamos a comer.
바모스 아 꼬메르

우리 밥 먹자.

✔ 단어 체크

viajar 비아하르 여행 가다 / descansar 데스깐싸르 쉬다 / pagar 빠가르 지불하다 /
a escote 아 에스꼬떼 각자 부담으로 / comer 꼬메르 먹다

3분 회화로 응용하기 🔊 15-2

함께 할 일을 제안하고 답하는 대화를 연습해 볼까요? 빈칸에 주어진 어휘를 차례대로
넣어 말해 보세요.

Vamos a ____.
바모스 아
우리 ~하자.

¡Buena idea!
부에나 이데아
좋은 생각이야!

1 **viajar** [비아하르] 여행 가다

2 **descansar** [데스깐싸르] 쉬다

3 **pagar a escote** [빠가르 아 에스꼬떼] 더치페이를 하다

4 **comer** [꼬메르] 식사를 하다

5 **brindar** [브린다르] 건배하다

3분 문제로 확인해 보기

스페인어는 우리말로, 우리말은 스페인어로 바꿔 보세요.

1 Vamos a pagar a escote. ▶ _____

2 우리 건배하자. ▶ _____

3 우리 밥 먹자. ▶ _____

오늘의 10분 끝!

1, 그림에 맞게 주어진 단어를 올바르게 배열하여 문장을 완성하세요.

1

con / un perro / vivo

▶ _____

2

casa / a / voy

▶ _____

3

ir de compras / voy / a

▶ _____

4

a / viajar / voy

▶ _____

2, 우리말에 맞게 보기 에서 알맞은 단어를 골라 빈칸을 채우세요.

보기   hermano / algo / supermercado

1 너는 뭐 좀 먹을 거니?

¿Vas a comer _____?

2 나는 남동생과 함께 살아.

Vivo con mi _____.

3 나는 슈퍼마켓에 가.

Voy al _____.

3 / 주어진 스페인어 단어와 알맞은 뜻을 연결하세요.

① comer •	• a) 영화관
② cine •	• b) 부모님
③ padres •	• c) 식사를 하다
④ familia •	• d) 가족

4 / 다음 중 ir 동사와 관련이 없는 단어를 골라보세요.

vamos   vas   va   voy   vivo

5 / 빈칸에 들어갈 말을 골라 보세요.

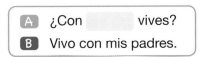

A ¿Con [   ] vives?
B Vivo con mis padres.

① qué   ② quién   ③ cómo   ④ dónde

정답

1 / ① Vivo con un perro. ② Voy a casa.
　　 ③ Voy a ir de compras. ④ Voy a viajar.

2 / ① algo   ② hermano   ③ supermercado

3 / ① c)   ② a)   ③ b)   ④ d)

4 / vivo   **5** / ②

PART

02

상대방과
소통해 보세요.

16 나는 운전할 수 있어.

puedo로 내가 할 수 있는 일 말하기

2분 초간단 개념 잡기

puedo[뿌에도]는 '~할 수 있다'라는 뜻으로 주어가 '나(yo)'일 때 쓰는 poder[뽀데르] 동사의 변화형이에요. puedo 뒤에 다른 동사원형을 써서 내가 할 수 있는 일을 표현할 수 있어요.

Puedo **conducir.**

뿌에도   꼰두씨르

나는 ~할 수 있다   운전하다

2분 입에서 바로 나오는 문장 말하기

🔊 16-1

Puedo hablar español.
뿌에도   아블라르   에스빠뇰

나는 스페인어를 할 수 있어.

Puedo nadar.
뿌에도   나다르

나는 수영을 할 수 있어.

Puedo montar en bicicleta.
뿌에도   몬따르   엔   비씨끌레따

나는 자전거를 탈 수 있어.

✓ 단어 체크

conducir 꼰두씨르 운전하다 / hablar 아블라르 말하다 / nadar 나다르 수영을 하다 /
montar en bicicleta 몬따르 엔 비씨끌레따 자전거를 타다

3분 회화로 응용하기 🔊 16-2

할 수 있는 일을 묻고 답하는 대화를 연습해 볼까요? 빈칸에 주어진 어휘를 차례대로
넣어 말해 보세요.

¿Puedes _____?
뿌에데스
너 ~할 수 있어?

Sí, puedo _____.
씨   뿌에도
응, 나 ~할 수 있어.

예의를 갖춰야 하는 상대에게는
¿Puede _____?
뿌에데

1 **conducir** [꼰두씨르] 운전하다

2 **hablar español** [아블라르 에스빠뇰] 스페인어를 하다

3 **nadar** [나다르] 수영하다

4 **montar en bicicleta** [몬따르 엔 비씨끌레따] 자전거를 타다

5 **cocinar** [꼬씨나르] 요리하다

3분 문제로 확인해 보기

스페인어는 우리말로, 우리말은 스페인어로 바꿔 보세요.

1 Puedo nadar. ▶ _____

2 나는 운전할 수 있어. ▶ _____

3 Puedo montar en bicicleta. ▶ _____

오늘의 **10**분 끝!

오늘의 **10**분 시작!

17 # 지나가도 돼요?

¿Puedo ~?로 상대방에게 허락 구하기

2분 초간단 개념 잡기

puedo[뿌에도] 뒤에 동사원형을 쓰면 '나는 ~할 수 있다'라는 뜻이죠? 이 문장을 의문문으로 쓰면 '~해도 돼(요)?'라는 뜻으로 상대방에게 허가를 구하는 표현이 돼요.

¿Puedo | **pasar?**

뿌에도
~해도 돼요?

빠사르
지나가다

2분 입에서 바로 나오는 문장 말하기 🎧 17-1

¿Puedo entrar?
뿌에도　　엔뜨라르

들어가도 돼요?

¿Puedo pedir ahora?
뿌에도　　삐디르　　아오라

지금 주문해도 돼요?

¿Puedo cerrar la puerta?
뿌에도　　쎄ㄹ라르　　라　　뿌에르따

문 좀 닫아도 돼요?

✔ 단어 체크

pasar 빠사르 지나가다 / entrar 엔뜨라르 들어가다 / pedir 삐디르 주문하다, 요구하다, 요청하다 /
ahora 아오라 지금 / cerrar 쎄ㄹ라르 닫다 / puerta 뿌에르따 우 문

허락을 구하는 대화를 연습해 볼까요? 빈칸에 주어진 어휘를 차례대로 넣어 말해 보세요.

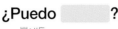

¿Puedo   ?
뿌에도
~해도 돼요?

Claro que sí.
끌라로 께 씨
물론이죠.

1   **pasar** [빠사르] 지나가다

2   **entrar** [엔뜨라르] 들어가다

3   **pedir ahora** [뻬디르 아오라] 지금 주문하다

4   **pagar con tarjeta** [빠가르 꼰 따르헤따] 카드로 지불하다

5   **usar el móvil** [우사르 엘 모빌] 휴대폰을 사용하다

문제로 확인해 보기

스페인어는 우리말로, 우리말은 스페인어로 바꿔 보세요.

1 ¿Puedo entrar?   ▶ _____

2 ¿Puedo pedir ahora?   ▶ _____

3 휴대폰 사용해도 돼요?   ▶ _____

오늘의 **10분** 끝!

18 테이블 좀 치워 주실래요?

¿Podría ~?로 정중하게 부탁하기

2분 초간단 개념 잡기

podría[뽀드리아] 역시 poder[뽀데르] 동사의 변화형으로 뒤에 동사원형을 쓰면 '~해 주실래요?'라는 의미가 돼요. 상대방에게 정중하게 무언가를 부탁하는 표현에 쓰여요.

¿Podría	limpiar	la mesa?
뽀드리아	림삐아르	라 메사
~해 주실래요?	~을 깨끗이 하다	테이블

2분 입에서 바로 나오는 문장 말하기 🎧 18-1

¿Podría apagar la luz? 뽀드리아　아빠가르　라　루쓰	불을 꺼 주실 수 있나요?
¿Podría hablar despacio? 뽀드리아　아블라르　데스빠씨오	천천히 말해 줄 수 있나요?
¿Podría pasar la sal? 뽀드리아　빠사르　라　쌀	소금을 건네주실 수 있나요?

✓ 단어 체크

limpiar 림삐아르 깨끗하게 하다 / mesa 메사 우 탁자, 테이블 / apagar 아빠가르 끄다 / luz 루쓰 우 불 / hablar 아블라르 말하다 / despacio 데스빠씨오 천천히 / pasar 빠사르 건네주다 / sal 쌀 우 소금

부탁하고 답하는 대화를 연습해 볼까요? 빈칸에 주어진 어휘를 차례대로 넣어 말해
보세요.

¿Podría _____?
뽀드리아
~해 주실래요?

Vale.
발레
알겠습니다.

1 **limpiar la mesa** [림삐아르 라 메사] 테이블을 치우다

2 **apagar la luz** [아빠가르 라 루쓰] 불을 끄다

3 **hablar despacio** [아블라르 데스빠씨오] 천천히 말하다

4 **pasar la sal** [빠사르 라 쌀] 소금을 건네주다

5 **guardar el equipaje** [과르다르 엘 에끼빠헤] 짐을 보관하다

문제로 확인해 보기

스페인어는 우리말로, 우리말은 스페인어로 바꿔 보세요.

1 ¿Podría pasar la sal? ▶ _____

2 천천히 말해 줄 수 있나요? ▶ _____

3 ¿Podría limpiar la mesa? ▶ _____

오늘의 10분 끝!

19

나 더워.

tengo로 내 상태 말하기

2분 초간단 개념 잡기

tengo[떼고]는 주어가 '나(yo)'일 때 쓰는 tener[떼네르] 동사의 변화형으로 '~을/를 가지고 있다'라는 뜻이에요. 하지만 이 동사 뒤에 상태와 관련된 명사를 쓰면 '~하다'라는 뜻이 되어 내 상태를 말할 때 사용할 수 있어요.

Tengo / **calor.**

떼고	깔로르
나는 ~하다	더위

2분 입에서 바로 나오는 문장 말하기   🔊 19-1

Tengo frío.
떼고   프리오

나 추워.

Tengo sueño.
떼고   수에뇨

나 졸려.

Tengo hambre.
떼고   암브레

나 배고파.

✓ 단어 체크

calor 깔로르 ♂ 더위 / frío 프리오 ♂ 추위 / sueño 수에뇨 ♂ 졸음 / hambre 암브레 ♀ 배고픔

회화로 응용하기

🔊 19-2

상태를 묻고 답하는 대화를 연습해 볼까요? 빈칸에 주어진 어휘를 차례대로 넣어 말해
보세요.

¿Qué te pasa?

께 떼 빠사

무슨 일이니?(너 왜 그래?)

예의를 갖춰야 하는 상대에게는

¿Qué le pasa?

께 레 빠사

Tengo _____.

떼고

나 ~해.

1	**calor** [깔로르] ♂ 더위
2	**frío** [프리오] ♂ 추위
3	**sueño** [수에뇨] ♂ 졸음
4	**hambre** [암브레] ♀ 배고픔
5	**fiebre** [피에브레] ♀ 열

문제로 확인해 보기

스페인어는 우리말로, 우리말은 스페인어로 바꿔 보세요.

1 Tengo fiebre. ▶ _____

2 나 졸려. ▶ _____

3 나 배고파. ▶ _____

너 추워?

¿Tienes/Tiene ~?로 상대방의 상태 물어보기

20

2분 초간단 개념 잡기

tienes[띠에네스]는 주어가 '너(tú)'일 때 쓰는 tener[떼네르] 동사의 변화형으로 '~을/를 가지고 있다'라는 뜻이에요. 이 동사 뒤에 상태를 나타내는 명사를 쓰고 의문문으로 만들면 '너 ~하니?'라는 뜻이 돼요. 상대방이 예의를 갖춰야 하는 '당신(usted)'일 때는 tiene[띠에네]로 써야 해요.

¿Tienes	frío?
띠에네스	프리오
너 ~하니?	추위

2분 입에서 바로 나오는 문장 말하기 🔊 20-1

¿Tienes miedo?
띠에네스　미에도

무섭니?

¿Tienes prisa?
띠에네스　쁘리싸

급하니?

¿Tiene sed?
띠에네　쎋

갈증 나세요?

> 예의를 갖춰야 하는 상대에게 말할 때는 tiene를 쓰세요.

✔ 단어 체크

frío 프리오 ♂ 추위 / miedo 미에도 ♂ 두려움 / prisa 쁘리싸 ♀ 서두름, 급함 / sed 쎋 ♀ 갈증, 목마름

회화로 응용하기

 20-2

상태를 묻고 답하는 대화를 연습해 볼까요? 빈칸에 주어진 어휘를 차례대로 넣어 말해 보세요.

¿Tienes ___ ?
띠에네스
너 ~하니?

Sí, tengo ___ .
씨 떼고
응, 나 ~해.

예의를 갖춰야 하는 상대에게는
¿Tiene ___ ?
띠에네

1 **miedo** [미에도] ♂두려움

2 **prisa** [쁘리싸] ♀서두름, 급함

3 **hambre** [암브레] ♀배고픔

4 **gripe** [그리뻬] ♀독감

5 **sueño** [수에뇨] ♂졸음, 잠

문제로 확인해 보기

스페인어는 우리말로, 우리말은 스페인어로 바꿔 보세요.

1 ¿Tienes prisa? ▶ _____

2 ¿Tiene sed? ▶ _____

3 너 춥니? ▶ _____

오늘의 **10분** 끝!

1. 우리말 뜻을 참고하여 빈칸에 공통으로 들어갈 단어를 쓰세요.

✓ 나는 스페인어를 할 수 있어. ▶ ⬜ hablar español.

✓ 들어가도 돼요? ▶ ¿⬜ entrar?

✓ 나는 요리를 할 수 있어. ▶ ⬜ cocinar.

2. 주어진 단어와 연관된 그림의 번호를 쓰세요.

1 nadar ⬜ 2 conducir ⬜

3 montar en bicicleta ⬜ 4 usar el móvil ⬜

①  ②  ③ ④

3. 보기 에서 주어진 단어와 관련있는 것을 모두 골라 빈칸에 쓰세요.

보기 podría / puedo / tengo / puedes

1 tener: _____

2 poder: _____

4/ 말풍선에 들어갈 말로 알맞은 것을 고르세요.

① ¿Podría hablar despacio?

② ¿Podría pasar la sal?

③ ¿Podría guardar el equipaje?

5/ 그림에 맞게 빈칸에 들어갈 알파벳을 쓰세요.

Tengo c☐lo☐.　　Tengo fie☐r☐.　　Tengo f☐ío.

정답

1/ Puedo

2/ ① ② 　② ④ 　③ ① 　④ ③

3/ ① tengo 　② podría, puedo, puedes

4/ ②

5/ ① a, r 　② b, e 　③ r

스페인어로 이름 짓기

스페인 사람들은 이름을 어떻게 지을까요? 우리나라와 다르게 스페인 사람들은 하나의 이름, 두 개의 성을 갖고 있답니다. 그 이유는 아버지의 성과 어머니의 성을 모두 쓰기 때문인데요. 그래서 이름이 보통 '이름 + 아버지 성 + 어머니 성'의 순서로 구성되어 있어요. 그림을 보면 조금 더 쉽게 이해할 수 있어요.

Juan Fernández Marcos

Ana Martínez Perez

José Fernández Martínez

또, 다수의 스페인 사람들이 가톨릭 신자여서 이름은 대부분 세례명을 쓰는 경우가 많습니다. 그렇다면, 스페인에서 인기 있는 이름은 무엇일까요?

Antonio 안또니오
José 호세
Manuel 마누엘
Francisco 프란씨스꼬
David 다빋

María 마리아
Carmen 까르멘
Ana 아나
Fátima 파띠마
Isabel 이사벨

우리나라에서는 자녀의 이름을 지어줄 때 이름에 담긴 의미를 중요시 생각하는데 스페인은 어떨까요? 스페인의 이름에는 어떤 의미가 담겨 있을까요?

❶ Victoria 빅또리아 승리, 성공

❷ Clara 끌라라 순수하고 투명한

❸ Estela 에스뗄라 별

❹ Jazmín 하쓰민 재스민 꽃처럼 아름다운

❺ Rita ㄹ리따 진주처럼 아름다운

❻ Andrés 안드레스 남자다운, 씩씩한

❼ Jesús 헤수스 구원자, 구제자

❽ Pablo 빠블로 겸손한 사람

❾ Mateo 마떼오 신의 선물

❿ Sofía 소피아 지혜

여러분도 스페인어로 이름을 한 번 지어 보세요.

나의 스페인어 이름 :

21 나 좋은 생각이 있어.

tengo로 내가 가지고 있는 것 말하기

2분 초간단 개념 잡기

tengo[떼고]는 '가지고 있다'라는 뜻으로 주어가 '나(yo)'일 때 쓰는 tener[떼네르] 동사의 변화형이에요. tengo 뒤에 명사를 써서 내가 무엇을 가지고 있는지 말할 수 있어요.

Tengo	una buena idea.
떼고	우나 부에나 이데아
나는 가지고 있다	좋은 생각

2분 입에서 바로 나오는 문장 말하기

  🎧 21-1

Tengo una hija.
떼고　우나　이하
나는 딸이 한 명 있어.

Tengo mucho trabajo.
떼고　무쵸　뜨라바호
나는 일이 많아.

Tengo tiempo ahora.
떼고　띠엠뽀　아오라
나는 지금 시간이 있어.

✓ 단어 체크

buena 부에나 좋은(bueno의 여성 단수형) / idea 이데아 ♀생각 / hija 이하 ♀딸 / mucho 무쵸 많은, 많이 /
trabajo 뜨라바호 ♂일 / tiempo 띠엠뽀 ♂시간, 여유 / ahora 아오라 지금

3분 회화로 응용하기 🎧 21-2

서로 가지고 있는 것을 말하는 대화를 연습해 볼까요? 빈칸에 주어진 어휘를 차례대로 넣어 말해 보세요.

> ★ también은 '역시, 또한'이라는 뜻이에요.

Tengo ___.
떼고
나는 ~가 있어.

¿Ah, sí? Yo también tengo ___.
아 씨 요 땀비엔 떼고
그래? 나도 ~가 있어.

1	una **hija** [우나 이하] ♀ 딸	
2	un **trabajo** [운 뜨라바호] ♂ 일	
3	**tiempo** [띠엠뽀] ♂ 시간, 여유	
4	una **cita** [우나 씨따] ♀ 약속	
5	una **buena idea** [우나 부에나 이데아] ♀ 좋은 아이디어	

남성 단수형 부정관사 un / 여성 단수형 부정관사 una

3분 문제로 확인해 보기

스페인어는 우리말로, 우리말은 스페인어로 바꿔 보세요.

1 Tengo mucho trabajo. ▶ _____

2 나는 딸이 한 명 있어. ▶ _____

3 Tengo una buena idea. ▶ _____

오늘의 **10분** 끝!

21 나 좋은 생각이 있어. **91**

22 나는 가야 돼.

tengo que로 내가 해야 할 일 말하기

2분 초간단 개념 잡기

내가 꼭 해야 할 일을 말할 때는 **tengo que**[떼고 께] 뒤에 동사원형을 쓰세요.
'나는 ~해야 한다'라는 뜻이에요.

Tengo que | **ir.**

떼고 께 | 이르
나는 ~해야 한다 | 가다

2분 입에서 바로 나오는 문장 말하기

🎧 22-1

Tengo que trabajar más.
떼고 께 뜨라바하르 마쓰

나는 더 일을 해야 돼.

Tengo que descansar.
떼고 께 데스깐싸르

나는 좀 쉬어야 돼.

Tengo que esperar más.
떼고 께 에스뻬라르 마쓰

나는 더 기다려야 돼.

✔ 단어 체크

ir 이르 가다 / trabajar 뜨라바하르 일하다 / descansar 데스깐싸르 휴식을 취하다, 쉬다 /
esperar 에스뻬라르 기다리다 / más 마쓰 더

3분 회화로 응용하기

 🔊 22-2

내가 꼭 해야 할 일에 대해 말하는 대화를 연습해 볼까요? 빈칸에 주어진 어휘를 차례
대로 넣어 말해 보세요.

Tengo que   .
떼고   께

나 ~ 해야 돼.

¿Por qué? ¿Qué te pasa?
뽀르   께   께   떼   빠사

왜? 무슨 일 있어?

1 **ir** [이르] 가다

2 **trabajar más** [뜨라바하르 마쓰] 더 일하다

3 **descansar** [데스깐싸르] 쉬다

4 **esperar más** [에스뻬라르 마쓰] 더 기다리다

5 **regresar** [ㄹ레그레싸르] 돌아가다

3분 문제로 확인해 보기

스페인어는 우리말로, 우리말은 스페인어로 바꿔 보세요.

1 Tengo que ir.   ▶ _____

2 나는 좀 쉬어야 돼.   ▶ _____

3 Tengo que trabajar más. ▶ _____

23 도움이 필요해요.

necesito로 내가 필요한 것 말하기

 초간단 개념 잡기

necesito[네쎄씨또]는 '필요하다'라는 뜻으로 주어가 '나(yo)'일 때 necesitar[네쎄씨따르] 동사의 변화형이예요. 이 동사 뒤에 다양한 명사를 써서 내가 무엇이 필요한지 표현해 보세요.

Necesito	**su ayuda.**
네쎄씨또	수 아유다
나는 ~가 필요하다	당신의 도움

 입에서 바로 나오는 문장 말하기   🎧 23-1

Necesito un bolígrafo.
네쎄씨또 운 볼리그라포

볼펜이 하나 필요해요.

Necesito un tenedor.
네쎄씨또 운 떼네도르

포크가 하나 필요해요.

Necesito una silla.
네쎄씨또 우나 씨야

의자가 하나 필요해요.

✔ **단어 체크**

su 수 당신의 / ayuda 아유다 ♀도움 / bolígrafo 볼리그라포 ♂볼펜 / tenedor 떼네도르 ♂포크 /
silla 씨야 ♀의자

회화로 응용하기 🎧 23-2

식당이나 상점 등에서 필요한 것을 요청하는 대화를 연습해 볼까요? 빈칸에 주어진
어휘를 차례대로 넣어 말해 보세요.

¿Qué necesita?

께　네쎄씨따

무엇이 필요하신가요?

Necesito　　　.

네쎄씨또

~가 필요해요.

1	**su ayuda** [수 아유다]	당신의 도움
2	**un bolígrafo** [운 볼리그라포] ♂	볼펜
3	**un tenedor** [운 떼네도르] ♂	포크
4	**una silla** [우나 씨야] ♀	의자
5	**un papel** [운 빠뻴] ♂	종이

남성 단수형 부정관사 un / 여성 단수형 부정관사 una

 문제로 확인해 보기

스페인어는 우리말로, 우리말은 스페인어로 바꿔 보세요.

1 Necesito su ayuda. ▶ _____

2 볼펜이 하나 필요해요. ▶ _____

3 Necesito una silla. ▶ _____

오늘의 10분 끝!

23 도움이 필요해요.　95

오늘의 **10**분 시작!

24 물이 있나요?

hay로 장소나 사물이 있는지 물어보기

2분 초간단 개념 잡기

hay[아이]는 '~이/가 있다'라는 뜻으로 변화형 없이 장소나 사물의 존재 여부를 물어볼 때 써요. hay 뒤에 있는지 물어보고 싶은 사물이나 장소를 넣어 의문문의 형태로 사용하세요.

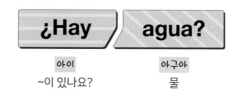

¿Hay	agua?
아이	아구아
~이 있나요?	물

2분 입에서 바로 나오는 문장 말하기　🔊 24-1

¿Hay un supermercado?
아이　운　수뻬르메르까도

슈퍼마켓이 있나요?

¿Hay aseos?
아이　아쎄오쓰

화장실이 있나요?

¿Hay un asiento libre?
아이　운　아씨엔또　리브레

빈자리가 있나요?

> 명사(자리 asiento) + 형용사(빈 libre) 형태로 꾸며주는 말을 명사 뒤에 써요.

✔ 단어 체크

agua 아구아 물 / supermercado 수뻬르메르까도 🔊 슈퍼마켓 / aseos 아쎄오쓰 화장실 /

asiento 아씨엔또 🔊 자리, 좌석 / libre 리브레 비어있는, 자유로운

96　해 봐! 하루 10분 왕초보 스페인어

3분 회화로 응용하기 🔊 24-2

무언가가 있는지 묻고 답하는 대화를 연습해 볼까요? 빈칸에 주어진 어휘를 차례대로 넣어 말해 보세요.

¿Hay ⬚ ?
아이
~이/가 있나요?

Sí, allí está.
씨 아이 에스따
네, 저기에 있어요.

1 **agua** [아구아] 물

2 **un supermercado** [운 수뻬르메르까도] ♂슈퍼마켓

3 **ascensor** [아쎈쏘르] ♂엘리베이터

4 **comisaría** [꼬미싸리아] ♀경찰서

5 **parada de taxi** [빠라다 데 딱씨] ♀택시 정류장

3분 문제로 확인해 보기

스페인어는 우리말로, 우리말은 스페인어로 바꿔 보세요.

1 ¿Hay aseos? ▶ _____

2 빈자리가 있나요? ▶ _____

3 슈퍼마켓이 있나요? ▶ _____

오늘의 **10분** 끝!

25 전 물을 원해요.

quiero로 내가 원하는 것 말하기

2분 초간단 개념 잡기

quiero[끼에로]는 '원하다'라는 뜻으로 주어가 '나(yo)'일 때 쓰는 querer[께레르] 동사
의 변화형이에요. 이 동사 뒤에 내가 원하는 명사를 쓰면 돼요. 특히 상점이나 음식점에
서 원하는 것을 달라고 할 때 활용할 수 있답니다.

Quiero	agua.
끼에로	아구아
나는 ~를 원한다	물

2분 입에서 바로 나오는 문장 말하기 🔊 25-1

Quiero esto.
끼에로 에스또

저는 이것을 원해요.

Quiero un café.
끼에로 운 까페

저는 커피 한 잔을 원해요.

Quiero cerveza.
끼에로 쎄르베싸

저는 맥주를 원해요.

✓ 단어 체크

esto 에스또 이것 / un 운 하나의 / café 까페 ☕ 커피 / cerveza 쎄르베싸 🍺 맥주

무엇을 원하는지 묻고 답하는 대화를 연습해 볼까요? 빈칸에 주어진 어휘를 차례대로 넣어 말해 보세요.

¿Qué quiere?
께 끼에레

무엇을 원하세요?
(무엇을 드릴까요?)

Quiero   .
끼에로

전 ~을 원해요.

1	**agua** [아구아] ♀ 물
2	**esto** [에스또] 이것
3	**un café** [운 까페] ♂ 커피 한 잔
4	**cerveza** [쎄르베싸] ♀ 맥주
5	**vino** [비노] ♂ 와인

문제로 확인해 보기

스페인어는 우리말로, 우리말은 스페인어로 바꿔 보세요.

1 Quiero agua.   ▶ _____

2 Quiero cerveza.   ▶ _____

3 저는 커피 한 잔을 원해요. ▶ _____

1/ 자연스러운 대화가 되도록 두 문장을 연결해 보세요.

1 ¿Qué necesita? •

2 ¿Qué quiere? •

3 Tengo que descansar. •

• a) ¿Por qué? ¿Qué te pasa?

• b) Necesito su ayuda.

• c) Quiero esto.

2/ 주어진 그림과 어울리는 문장을 보기 에서 골라 빈칸에 써 보세요.

보기 Tengo una hija. / Tengo mucho trabajo. / Tengo una buena idea.

1

2

3

_____ _____ _____

3/ 그림을 보고 자연스러운 대화가 되도록 빈칸에 알맞은 말을 쓰세요.

A ¿ _____ aseos?

B Sí, allí están.

4 / 주어진 단어들의 뜻을 쓰세요.

1 quiero ▶ _____

2 necesito ▶ _____

3 hay ▶ _____

5 / 주어진 알파벳을 조합하여 그림 속 사물의 명칭을 쓰세요.

1

> t-d-n-e-r-e-o

▶ _____

2

> s-l-i-a-l

▶ _____

3

> b-í-g-f-o-o-l-r-a

▶ _____

26

나는 쉬고 싶어.

quiero로 내가 하고 싶은 일 말하기

초간단 개념 잡기

quiero[끼에로]는 '나는 ~하고 싶다'라는 뜻으로도 쓰여요. quiero 뒤에 동사원형을 쓰면 내가 하고 싶은 일을 말할 수 있어요.

Quiero / **descansar.**

끼에로   데스깐싸르

나는 ~하고 싶다   쉬다

입에서 바로 나오는 문장 말하기 🔊 26-1

Quiero tomar algo.
끼에로   또마르   알고

나는 뭐 좀 먹고 싶어.

Quiero dormir.
끼에로   도르미르

나는 잠을 자고 싶어.

Quiero comer fuera.
끼에로   꼬메르   푸에라

나는 외식하고 싶어.

✔ **단어 체크**

descansar 데스깐싸르 쉬다 / tomar 또마르 먹다, 마시다 / algo 알고 무언가 / dormir 도르미르 잠을 자다 /
comer fuera 꼬메르 푸에라 외식하다

3분 회화로 응용하기

하고 싶은 일을 묻고 답하는 대화를 연습해 볼까요? 빈칸에 주어진 어휘를 차례대로 넣어 말해 보세요.

¿Qué quieres hacer?
께 끼에레레스 아쎄르
너 뭐 하고 싶어?

Quiero _____.
끼에로
나는 ~을 하고 싶어.

예의를 깃춰야 하는 상대에게는
¿Qué quiere hacer?
께 끼에레레 아쎄르

1	**descansar** [데스 깐싸르] 쉬다
2	**pasear** [빠세아르] 산책하다
3	**tomar algo** [또마르 알고] 무언가를 먹다[마시다)
4	**dormir** [도르미르] 잠을 자다
5	**comer fuera** [꼬메르 푸에라] 외식하다

3분 문제로 확인해 보기

스페인어는 우리말로, 우리말은 스페인어로 바꿔 보세요.

1 Quiero descansar. ▶ _____

2 나는 산책하고 싶어. ▶ _____

3 Quiero dormir. ▶ _____

27 난 와인이 맥주보다 더 좋아.

prefiero로 내가 선호하는 것 말하기

 초간단 개념 잡기

prefiero[쁘레피에로]는 '선호하다'라는 뜻으로 주어가 '나(yo)'일 때 쓰는 preferir [쁘레페리르] 동사의 변화형이에요. prefiero A a B의 형태로 'A가 B보다 더 좋다'라고 말해요. a는 전치사인데 남성 단수 정관사 el과 만나면 al이 된다는 것을 주의하세요!

Prefiero	**el vino**	**a**	**la cerveza.**
쁘레피에로	엘 비노	아	라 쎄르베싸
(나는) ~를 더 좋아한다	와인	보다	맥주

 입에서 바로 나오는 문장 말하기 🔊 27-1

Prefiero la sopa a la ensalada.
쁘레피에로 라 쏘빠 아 라 엔쌀라다

난 수프가 샐러드보다 더 좋아.

Prefiero el pollo al pescado.
쁘레피에로 엘 뽀요 알 뻬스까도

난 닭고기가 생선보다 더 좋아.

a와 남성 단수 정관사 el이 만나면 al이 돼요!

Prefiero el café al té.
쁘레피에로 엘 까페 알 떼

난 커피가 차보다 더 좋아.

✓ **단어 체크**

vino 비노 ♂ 와인 / cerveza 쎄르베싸 ♀ 맥주 / sopa 쏘빠 ♀ 수프 / ensalada 엔쌀라다 ♀ 샐러드 / pollo 뽀요 ♂ 닭고기 / pescado 뻬스까도 ♂ 생선 / café 까페 ♂ 커피 / té 떼 ♂ 차

3분 회화로 응용하기   🔊 27-2

선호하는 것을 묻고 답하는 대화를 연습해 볼까요? 각 빈칸에 주어진 어휘를 차례대로
넣어 말해 보세요.

★ a와 남성 단수 정관사 'el'이
만나면 'al'이 된답니다!

¿Qué prefieres,　　o　　?
께　　 쁘레피에레스　　　 오
너는 ~와 ~ 중 어떤 걸 더 좋아해?

Prefiero　　a[al]　　.
쁘레피에로　　아/알
나는 ~를 ~보다 더 좋아해.

> 1　la sopa [라 쏘빠] ♀수프 / la ensalada [라 엔쌀라다] ♀샐러드
> 2　el pescado [엘 뻬스까도] ♂생선 / el pollo [엘 뽀요] ♂닭고기
> 3　la leche [라 레체] ♀우유 / el zumo [엘 쑤모] ♂주스
> 남성 단수형 정관사 el / 여성 단수형 정관사 la

3분 문제로 확인해 보기

스페인어는 우리말로, 우리말은 스페인어로 바꿔 보세요.

1 Prefiero el vino a la cerveza. ▶ _____

2 나는 수프가 샐러드보다 더 좋아. ▶ _____

3 Prefiero el pollo al pescado. ▶ _____

오늘의 10분 끝!

27 난 와인이 맥주보다 더 좋아. 105

난 축구를 좋아해.

28

me gusta로 내가 좋아하는 것 말하기

2분 초간단 개념 잡기

me gusta[메 구스따]는 직역하면 '나에게 ~이 마음에 들다'라는 뜻이에요. 특이하게 '나에게'를 뜻하는 me가 동사 앞에 쓰였어요. gusta 뒤에는 단수 명사나 동사원형만 쓸 수 있습니다.

Me gusta ⟩ **el fútbol.**

메 구스따
나에게 ~가 마음에 들다
(나는 ~을 좋아한다)

엘 풋볼
축구

2분 입에서 바로 나오는 문장 말하기

🎧 28-1

Me gusta el verano.
메 구스따 엘 베라노

난 여름을 좋아해.

Me gusta ir de compras.
메 구스따 이르 데 꼼쁘라스

난 쇼핑하는 걸 좋아해.

Me gusta ver la televisión.
메 구스따 베르 라 뗄레비씨온

난 TV 보는 것을 좋아해.

✔ 단어 체크

fútbol 풋볼 ♂ 축구 / verano 베라노 ♂ 여름 / ir de compras 이르 데 꼼쁘라스 쇼핑하러 가다 /
ver 베르 보다 / televisión 뗄레비씨온 ♀ 텔레비전

3분 회화로 응용하기 🔊 28-2

좋아하는 것을 묻고 답하는 대화를 연습해 볼까요? 빈칸에 주어진 어휘를 차례대로 넣어 말해 보세요.

¿Qué te gusta?
께 떼 구스따

너는 무엇을 좋아하니?

Me gusta _____.
메 구스따

나는 ~를 좋아해.

예의를 갖춰야 하는 상대에게는

¿Qué le gusta?
께 레 구스따

1 el **fútbol** [엘 풋볼] ♂ 축구

2 el **verano** [엘 베라노] ♂ 여름

3 **ver la televisión** [베르 라 뗄레비씨온] TV를 보다

4 **pasear** [빠세아르] 산책하다

5 el **invierno** [엘 인비에르노] ♂ 겨울

남성 단수형 정관사 el / 여성 단수형 정관사 la

3분 문제로 확인해 보기

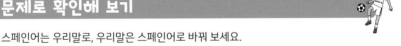

스페인어는 우리말로, 우리말은 스페인어로 바꿔 보세요.

1 Me gusta el fútbol. ▸ _____

2 난 산책하는 걸 좋아해. ▸ _____

3 Me gusta ir de compras. ▸ _____

오늘의 **10분** 끝!

오늘의 10분 시작!

29 난 강아지들을 좋아해.

me gustan으로 내가 좋아하는 것 말하기 (복수)

2분 초간단 개념 잡기

내가 좋아하는 것이 복수 형태인 경우에는 me gustan[메 구스딴]을 써요. 이때 gustan
뒤에는 복수 명사만 올 수 있다는 점을 기억하세요!

Me gustan / **los perros.**

메 구스딴
나에게 ~이 마음에 들다
(나는 ~을 좋아한다)

로스 뻬ㄹ로스
강아지들

2분 입에서 바로 나오는 문장 말하기

🎧 29-1

Me gustan los deportes.
메　　구스딴　　로스　　데뽀르떼스

난 운동들을 좋아해.

los는 남성형 복수 정관사입니다. (여성형 복수 정관사는 las)

Me gustan los niños.
메　　구스딴　　로스　　니뇨스

난 아이들을 좋아해.

Me gustan las novelas.
메　　구스딴　　라스　　노벨라스

난 소설들을 좋아해.

✔ 단어 체크

perro 뻬르로 ♂강아지 / deporte 데뽀르떼 ♂운동 / niño 니뇨 ♂남자 아이 / novela 노벨라 ♀소설 좋아하는 것을 묻고 답하는 대화를 연습해 볼까요? 빈칸에 주어진 어휘를 차례대로 넣어 말해 보세요.

¿Qué te gusta?
게 떼 구스따
너는 무엇을 좋아하니?

Me gustan [   ].
메   구스딴
나는 ~를 좋아해.

예의를 갖춰야 하는 상대에게는
¿Qué le gusta?
게 레 구스따

1 los **perros** [로스 뻬ㄹ로스] ♂ 강아지
2 los **deportes** [로스 데뽀르떼스] ♂ 운동
3 las **novelas** [라스 노벨라스] ♀ 소설
4 los **dulces** [로스 둘쎄스] ♂ 사탕
5 los **gatos** [로스 가또스] ♂ 고양이

남성 복수형 정관사 los / 여성 복수형 정관사 las

 문제로 확인해 보기

스페인어는 우리말로, 우리말은 스페인어로 바꿔 보세요.

1 Me gustan las novelas. ▸ _____

2 난 운동들을 좋아해. ▸ _____

3 Me gustan los dulces. ▸ _____

오늘의 10분 끝!

30 머리가 아파.

me duele로 나의 아픈 곳 말하기

2분 초간단 개념 잡기

me duele[메 두엘레]는 직역하면 '나에게 ~이 아픔을 주다'라는 뜻이에요. 이 역시 '나에게'를 뜻하는 me가 동사 앞에 쓰였어요. me duele 뒤에 주로 아픈 신체 부위를 나타내는 명사를 쓰는데, 이 명사가 복수일 경우 me duelen[메 두엘렌]을 써야 해요.

Me duele > **la cabeza.**

메 두엘레
나에게 ~가 아픔을 주다
(나는 ~가 아프다)

라 까베싸
머리

2분 입에서 바로 나오는 문장 말하기 🔊 30-1

Me duele la garganta.
메　　두엘레　　라　　가르간따

목(인후)이 아파.

Me duelen las piernas.
메　　두엘렌　　라스　　삐에르나스

다리가 아파.

 뒤에 복수 명사가 왔기 때문에 duelen을 썼어요.

Me duelen los ojos.
메　　두엘렌　　로스　　오호스

눈이 아파.

✓ 단어 체크

cabeza 까베싸 ♀머리 / garganta 가르간따 ♀목, 인후 / pierna 삐에르나 ♀다리 / ojo 오호 ♂눈

3분 회화로 응용하기　　　　　　　　　　🎧 30-2

아픈 곳을 묻고 답하는 대화를 연습해 볼까요? 빈칸에 주어진 어휘를 차례대로 넣어
말해 보세요.

¿Qué te duele?
께 떼 두엘레
어디가 아프니?

Me duele ＿＿＿.
메　두엘레
~가 아파.

예의를 갖춰야 하는 상대에게는
¿Qué le duele?
께　레　두엘레

1	la **cabeza** [라 까베싸]	♀ 머리
2	la **garganta** [라 가르간따]	♀ 목, 인후
3	el **estómago** [엘 에스또마고]	♂ 배
4	la **cintura** [라 씬뚜라]	♀ 허리
5	el **pie** [엘 삐에]	♂ 발

남성형 정관사 el / 여성형 정관사 la

3분 문제로 확인해 보기　　　　　　　　　

스페인어는 우리말로, 우리말은 스페인어로 바꿔 보세요.

1 Me duele la garganta. ▶ ＿＿＿＿＿＿＿＿＿＿＿＿＿＿

2 머리가 아파. ▶ ＿＿＿＿＿＿＿＿＿＿＿＿＿＿

3 Me duelen los ojos. ▶ ＿＿＿＿＿＿＿＿＿＿＿＿＿＿

오늘의 10분 끝!

1, 빈칸에 공통으로 들어갈 말을 쓰세요.

✓ [   ] gusta el fútbol.   ✓ [   ] gustan los perros.

✓ [   ] duele la cabeza.   ✓ [   ] duelen los ojos.

2, 그림에서 가리키는 신체 부위에 맞게 빈칸을 채워 보세요.

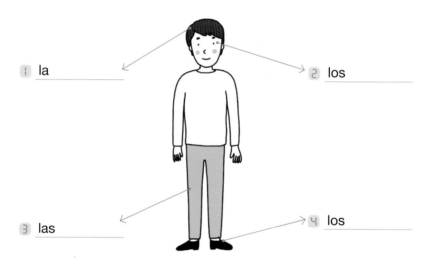

1 la _____

2 los _____

3 las _____

4 los _____

3, 자연스러운 문장이 되도록 보기 에서 알맞은 것을 모두 골라 빈칸에 쓰세요.

보기 pasear / los deportes / ir de compras / las novelas

1 Me gusta _____.

2 Me gustan _____.

4/ 그림을 보고 말풍선에 들어갈 말로 알맞은 것을 고르세요.

① ¿Qué te gusta?

② ¿Qué le duele?

③ ¿Qué quiere hacer?

5/ 우리말에 맞게 주어진 단어를 배열하여 질문에 대한 대답을 완성해 보세요.

Q ¿Qué prefieres,
la sopa o la ensalada?

Prefiero _____.

나는 스프가 샐러드보다 더 좋아.

la / sopa / a / la / ensalada

정답

1/ Me

2/ ① cabeza   ② ojos   ③ piernas   ④ pies

3/ ① pasear / ir de compras
    ② los deportes / las novelas

4/ ②

5/ la sopa a la ensalada

스페인의 독특한 시간 개념

1, 시에스타를 즐기는 스페인 사람들

여러분은 혹시 '시에스타'라는 말을 들어보셨나요? 스페인어로 '낮잠'을 뜻하는 단어인데, 스페인에는 이 단어와 관련된 전통적인 습관이 있답니다. 스페인 사람들은 보통 오후 2시부터 5시까지 점심식사 후 무더운 낮 시간에 잠시 휴식을 취하는 'Siesta[씨에스따]' 시간을 갖습니다. 관공서, 상점 등은 이 시간 동안 문을 닫고 휴식을 취하며, 일반 사람들도 잠시 더위를 피해 카페테리아나 바에서 가벼운 간식을 먹으며 '시에스타'를 보냅니다. 현재는 많이 줄어든 모습이지만, 여전히 작은 마을이나 소매점 등에서는 '시에스타' 시간을 지키기 때문에 여행할 때 미리 체크하여 헛걸음 하는 일이 없어야겠죠?

**RESPETEN
EL HORARIO
DE SIESTA
DE 3 A 6
DE LA TARDE**

시에스타 시간을 지켜주세요.
오후 3시부터 6시까지

2. 스페인의 저녁 식사는 밤 9시 이후부터

한국에서는 하루 세 끼 중 저녁 식사의 의미가 가장 크다고 생각하는 반면, 스페인 사람들은 점심 식사를 거하게 먹은 후, 오히려 저녁 식사를 소박하게 먹습니다. 무엇보다도 저녁 식사 시간이 한참 늦은 밤 8시 30분 이후부터 시작됩니다. 이는 바로 '시에스타'의 영향이 있기 때문이죠. 오후 2시부터 5시까지 시에스타를 즐기고 나면 커피 한 잔과 간단한 샌드위치를 먹으며 간식 시간을 갖습니다.

그리고 밤 8시 30분부터 타파스와 맥주로 시작해서 빠에야, 샐러드 또는 스프 등으로 저녁 식사를 합니다. 8시 30분 이전에는 대부분의 식당이 저녁 준비 시간으로 영업을 하지 않거나 하더라도 제공되는 메뉴가 한정적인 경우가 많습니다. 따라서 여러분도 스페인을 여행할 때는 늦은 저녁 식사에 적응해야겠죠?

31 너를 만나서 기뻐.

me alegro de로 내가 기쁜 이유 말하기

2분 초간단 개념 잡기

me alegro de[메 알레그로 데] 표현은 뒤에 주로 동사원형을 써서 '~해서 나는 기쁘다'
라는 의미를 나타내요. 이때, 동사원형 뒤에 te[떼]를 붙이면 '너를', le[레]를 붙이면 '당신
을'이란 의미를 더할 수 있어요.

Me alegro de 〉 **verte.**

메 알레그로 데   베르떼
나는 ~해서 기쁘다   너를 만나다

> ver + te = verte
> 만나다 너를 너를 만나다
> ver + le = verle
> 만나다 당신을 당신을 만나다

2분 입에서 바로 나오는 문장 말하기 🎧 31-1

Me alegro de oírte.
메   알레그로   데   오이르떼

네 목소리 들어서 기뻐.

Me alegro de conocerle.
메   알레그로   데   꼬노쎄를레

당신을 알게 되어 기뻐요.

Me alegro de verle otra vez.
메   알레그로   데   베를레   오뜨라   베쓰

당신을 다시 뵙게 되어 기뻐요.

✔ 단어 체크

ver 베르 보다 / oír 오이르 듣다 / conocer 꼬노쎄르 알다 / otra vez 오뜨라 베쓰 다시, 한 번 더

회화로 응용하기 🔊 31-2

기쁜 이유를 말하는 대화를 연습해 볼까요? 빈칸에 주어진 어휘를 차례대로 넣어
말해 보세요.

Me alegro de　　　　.
메　알레그로　데
~해서 기뻐(요).

Yo también.
요　　땀비엔
나도 그래. / 저도 그래요.

1 verte [베르떼] 너를 보다

2 oírte [오이르떼] 네 목소리를 듣다

3 conocerle [꼬노쎄를레] 당신을 알다

4 visitarle [비씨따를레] 당신을 찾아뵙다

5 invitarle [인비따를레] 당신을 초대하다

문제로 확인해 보기

스페인어는 우리말로, 우리말은 스페인어로 바꿔 보세요.

1 Me alegro de oírte. ▶ _____

2 너를 만나서 기뻐. ▶ _____

3 Me alegro de conocerle. ▶ _____

오늘의 **10분** 끝!

32 난 그렇다고 생각해.

creo que로 내 생각 말하기

초간단 개념 잡기

creo[끄레외]는 '믿다'라는 뜻으로 주어가 '나(yo)'일 때 쓰는 creer[끄레에르] 동사의 변화형 이에요. 나의 생각을 표현할 때는 뒤에 que[께]를 붙여서 '나는 ~라고 생각해'라는 의미로 사용합니다.

Creo que	sí.
끄레오 께	씨
나는 ~라고 생각한다	그렇다

입에서 바로 나오는 문장 말하기 🔊 32-1

Creo que no.
끄레오   께   노

난 아니라고 생각해.

Creo que es posible.
끄레오   께   에스   뽀씨블레

난 가능하다고 생각해.

Creo que está bien.
끄레오   께   에스따   비엔

난 괜찮다고 생각해.

✓ 단어 체크

sí 씨 그렇다, 맞다 / no 노 아니다 / es 에스 ~이다(ser 동사의 3인칭 단수형) / possible 뽀씨블레 가능한 /

está 에스따 (상태가) ~이다(estar 동사의 3인칭 단수형) / bien 비엔 잘, 좋은

3분 회화로 응용하기   32-2

생각을 묻고 답하는 대화를 연습해 볼까요? 빈칸에 주어진 어휘를 차례대로 넣어 말해
보세요.

¿Qué te parece?
께 떼 빠레세
넌 어떻게 생각해?

Creo que ____.
끄레오 께
난 ~라고 생각해.

예의를 갖춰야 하는 상대에게는
¿Qué le parece?
께 레 빠레세

1 **sí** [씨] 그렇다, 맞다

2 **no** [노] 아니다

3 **es posible** [에스 뽀씨블레] 가능하다

4 **es caro** [에스 까로] 비싸다

5 **es suficiente** [에스 수피씨엔떼] 충분하다

3분 문제로 확인해 보기

스페인어는 우리말로, 우리말은 스페인어로 바꿔 보세요.

1 Creo que no.   ▶ _____

2 난 가능하다고 생각해. ▶ _____

3 Creo que es caro. ▶ _____

오늘의 10분 끝!

33 물 주세요.

por favor로 부탁하기

 초간단 개념 잡기

상대방에게 무언가를 부탁할 때, 내가 필요한 것 뒤에 '~주세요'라는 뜻의 por favor[뽀르 파보르]를 붙여 말하면 돼요. por favor는 영어의 please와 같은 의미라고 이해하면 훨씬 쉽겠죠?

Agua, **por favor.**

아구아   뽀르 파보르
물   주세요

 입에서 바로 나오는 문장 말하기 33-1

La carta, por favor.
라   까르따   뽀르   파보르   메뉴판 주세요.

El recibo, por favor.
엘   ㄹ레씨보   뽀르   파보르   영수증 주세요.

La cuenta, por favor.
라   꾸엔따   뽀르   파보르   계산서 주세요.

✔ **단어 체크**

agua 아구아 ♀물 / carta 까르따 ♀메뉴판 / recibo ㄹ레씨보 ♂영수증 / cuenta 꾸엔따 ♀계산서 필요한 것을 요청하는 대화를 연습해 볼까요? 빈칸에 주어진 어휘를 차례대로 넣어 말해 보세요.

　　, por favor.
뽀르　파보르

~주세요.

Un momento.
운　　모멘또

잠시만요.

1　**Agua** [아구아] ♀ 물

2　**La carta** [라 까르따] ♀ 메뉴판

3　**La cuenta** [라 꾸엔따] ♀ 계산서

4　**Servilleta** [쎄르비예따] ♀ 냅킨

5　**Salsa** [쌀싸] ♀ 소스

남성 단수형 정관사 **el** / 여성 단수형 정관사 **la**

 문제로 확인해 보기

스페인어는 우리말로, 우리말은 스페인어로 바꿔 보세요.

1 La carta, por favor. ▶ _____

2 물 주세요. ▶ _____

3 La cuenta, por favor. ▶ _____

오늘의 10분 끝!

34 날씨가 좋네요.

hace로 날씨 말하기

2분 초간단 개념 잡기

hace[아쎄]는 '하다'라는 뜻의 동사인 hacer[아쎄르]의 3인칭 변화형이에요.
날씨를 말할 때는 주어 없이 hace를 쓰고 뒤에 날씨의 상태를 나타내는 말을 써요.

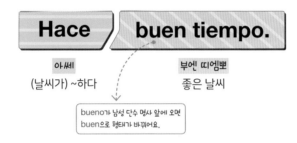

Hace 〉 **buen tiempo.**

아쎄
(날씨가) ~하다

부엔 띠엠뽀
좋은 날씨

> bueno가 남성 단수 명사 앞에 오면
> buen으로 형태가 바뀌어요.

2분 입에서 바로 나오는 문장 말하기

🎧 34-1

Hace mal tiempo.
아쎄   말   띠엠뽀

날씨가 좋지 않네요.

> malo가 남성 단수 명사 앞에 오면 mal로 형태가 바뀌어요.

Hace calor.
아쎄   깔로르

날씨가 덥네요.

Hace frío.
아쎄   프리오

날씨가 춥네요.

✓ 단어 체크

buen(bueno) 부엔(부에노) 좋은 / tiempo 띠엠뽀 ♂ 날씨 / mal(malo) 말(말로) 나쁜 / calor 깔로르 ♂
더위 / frío 프리오 ♂ 추위

날씨를 묻고 답하는 대화를 연습해 볼까요? 빈칸에 주어진 어휘를 차례대로 넣어 말해
보세요.

¿Qué tiempo hace hoy?

게　띠엠뽀　아쎄　오이

오늘 날씨 어때요?

Hace ▢▢▢.

아쎄

~네요.

1	**buen tiempo** [부엔 띠엠뽀] 좋은 날씨
2	**mal tiempo** [말 띠엠뽀] 좋지 않은 날씨
3	**calor** [깔로르] ♂ 더위
4	**frío** [프리오] ♂ 추위
5	**viento** [비엔또] ♂ 바람

스페인어는 우리말로, 우리말은 스페인어로 바꿔 보세요.

1 Hace buen tiempo. ▸ _____

2 날씨가 좋지 않네요. ▸ _____

3 Hace frío. ▸ _____

오늘의 10분 끝!

35 도와주셔서 감사해요.

gracias por로 감사 표현하기

 초간단 개념 잡기

gracias[그라씨아쓰]는 '감사합니다'라는 뜻인데 por[뽀르]를 붙여서 고마운 이유를 말할 수 있어요. 고마운 이유까지 구체적으로 말하면 상대방의 기분이 더 좋아지겠죠?

Gracias por **su ayuda.**

그라씨아쓰 뽀르   수 아유다

~에 감사하다   당신의 도움

 입에서 바로 나오는 문장 말하기 🎧 35-1

Gracias por su visita.
그라씨아쓰   뽀르   수   비씨따

방문해 주셔서 감사해요.

Gracias por su atención.
그라씨아쓰   뽀르   수   아뗀씨온

경청해 주셔서 감사해요.

Gracias por todo.
그라씨아쓰   뽀르   또도

여러모로 감사해요.

✔ **단어 체크**

su 수 당신의 / ayuda 아유다 우 도움 / visita 비씨따 우 방문 / atención 아뗀씨온 우 주목 / todo 또도 모든 것

회화로 응용하기 🎧 35-2

감사한 마음을 전하는 대화를 연습해 볼까요? 빈칸에 주어진 어휘를 차례대로 넣어 말해 보세요.

Gracias por　　　.
그라씨아쓰　뽀르
~에 감사해요.

De nada.
데　나다
별말씀을요.

> 1 **su ayuda** [수 아유다] 당신의 도움
> 2 **su visita** [수 비씨따] 당신의 방문
> 3 **todo** [또도] 모든 것
> 4 **su regalo** [수 ㄹ레갈로] 당신의 선물
> 5 **su invitación** [수 인비따씨온] 당신의 초대

 문제로 확인해 보기

스페인어는 우리말로, 우리말은 스페인어로 바꿔 보세요.

1 Gracias por su visita.　▶ _____

2 여러모로 감사해요.　▶ _____

3 Gracias por su atención. ▶ _____

오늘의 10분 끝!

1, 주어진 단어들과 어울릴 수 있는 주어진 표현을 스페인어로 쓰세요.

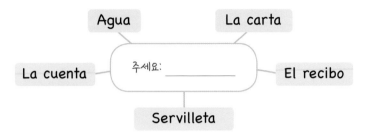

Agua

La carta

La cuenta

주세요: _____

El recibo

Servilleta

2, 자연스러운 대화가 되도록 두 문장을 연결해 보세요.

⑴ Gracias por todo. •   • a) Creo que no.

⑵ Me alegro de verte. •   • b) Yo también.

⑶ Agua, por favor. •   • c) Un momento.

⑷ ¿Qué te parece? •   • d) De nada.

3, 우리말에 맞게 빈칸을 채워 문장을 완성해 보세요.

⑴ 방문해 주셔서 감사합니다.

Gracias _____ su visita.

⑵ 난 가능하다고 생각해.

Creo _____ es posible.

⑶ 당신을 알게 되어 기쁩니다.

Me alegro _____ conocerle.

4/ 그림을 보고 각 도시에 대한 날씨 설명을 알맞게 표현한 문장을 골라 번호를 쓰세요.

> Granada ( ) Bilbao ( ) Barcelona ( ) Madrid ( )

① Hace buen tiempo.

② Hace calor.

③ Hace frío.

④ Hace mal tiempo.

5/ 오늘의 날씨를 물어볼 때 필요한 단어를 골라 ◯ 표시해 보세요.

정답

1/ por favor

2/ ① d)   ② b)   ③ c)   ④ a)

3/ ① por   ② que   ③ de

4/ Granada - ① / Bilbao - ③ / Barcelona - ② / Madrid - ④

5/ qué, tiempo, hace, hoy (¿Qué tiempo hace hoy?)

PART
03

궁금한 건
물어 봐야죠!

36

이건 뭐야?

¿Qué ~?로 무엇인지 물어보기

2분 초간단 개념 잡기

qué[께]는 '무엇'이라는 뜻의 의문사로 영어의 what과 같은 의미로 스페인어 의문사 중 가장 많이 쓰여요. 뒤에 '~이다'를 의미하는 ser 동사의 3인칭 단수형인 es를 써서 '~은 무엇이니?'라고 표현하거나, 일반 동사를 써서 '무엇을 ~하니?'라는 질문을 할 수 있어요.

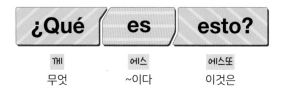

¿Qué	es	esto?
께	에스	에스또
무엇	~이다	이것은

2분 입에서 바로 나오는 문장 말하기

🔊 36-1

¿Qué buscas?
께 　　부스까스

무엇을 찾니?

¿Qué comes?
께 　　꼬메스

무엇을 먹니?

¿Qué estudias?
께 　　에스뚜디아스

무엇을 공부하니?

✔ 단어 체크

esto 에스또 이것 / buscas 부스까스 찾다(buscar 동사의 2인칭 단수형) / comes 꼬메스 먹다(comer 동사의 2인칭 단수형) / estudias 에스뚜디아스 공부하다(estudiar 동사의 2인칭 단수형)

무엇인지 묻고 답하는 대화를 연습해 보세요. 빈칸에 주어진 어휘를 넣어 말해 보세요.

¿Qué _____?
께
무엇을 ~?

1 haces [아쎄스] 하다

2 buscas [부스까스] 찾다

3 comes [꼬메스] 먹다

4 estudias [에스뚜디아스] 공부하다

1 Hago yoga. [아고 요가]
나는 요가를 해.

2 Busco mi móvil. [부스꼬 미 모빌]
내 휴대폰을 찾아.

3 Como una ensalada. [꼬모 우나 엔쌀라다]
나는 샐러드를 먹어.

4 Estudio español. [에스뚜디오 에스빠뇰]
나는 스페인어를 공부해.

 문제로 확인해 보기

스페인어는 우리말로, 우리말은 스페인어로 바꿔 보세요.

1 ¿Qué buscas? ▶ _____

2 이건 뭐야? ▶ _____

3 ¿Qué comes? ▶ _____

오늘의 **10분** 끝!

37

누구세요?

¿Quién ~?으로 누구인지 물어보기

2분 초간단 개념 잡기

quién[끼엔]은 '누구'라는 뜻의 의문사로 영어의 who와 같은 의미예요. 사람에 관해 물어보는 질문을 할 때 사용해요.

¿Quién	es	usted?
끼엔	에스	우스뗃
누구?	~이다	당신

2분 입에서 바로 나오는 문장 말하기 🎧 37-1

¿Quién canta?
끼엔　깐따

누가 노래를 부르니?

¿Quién cocina?
끼엔　꼬씨나

누가 요리를 하니?

¿Quién conduce?
끼엔　꼰두쎄

누가 운전을 하니?

✓ 단어 체크

canta 깐따 노래하다(cantar 동사의 3인칭 단수형) / cocina 꼬씨나 요리하다(cocinar 동사의 3인칭 단수형) /
conduce 꼰두쎄 운전하다(conducir 동사의 3인칭 단수형)

회화로 응용하기 🔊 37-2

누가 무엇을 하는지 묻고 답하는 대화를 연습해 보세요. 빈칸에 주어진 어휘를 차례대로 넣어 말해 보세요.

¿Quién [   ]?
끼엔
누가 ~하니?

Gabriel.
가브리엘
가브리엘이요.

1	**canta** [깐따] 노래하다
2	**cocina** [꼬씨나] 요리하다
3	**conduce** [꼰두쎄] 운전하다
4	**baila** [바일라] 춤추다
5	**grita** [그리따] 소리 지르다

문제로 확인해 보기

스페인어는 우리말로, 우리말은 스페인어로 바꿔 보세요.

1 ¿Quién cocina? ▶ _____

2 누구세요? ▶ _____

3 ¿Quién conduce? ▶ _____

오늘의 **10분** 끝!

38 새 직장은 어때?

¿Cómo es ~?로 느낌 물어보기

2분 초간단 개념 잡기

cómo[꼬모]는 '어떻게'라는 뜻의 의문사예요. 영어의 how와 같은 의미로 상대방에게 '느낌'을 묻는 표현으로 활용할 수 있어요. cómo es 뒤에 사람이나 사물을 써서 그에 대한 느낌을 물어 보세요.

¿Cómo es	tu nuevo trabajo?
꼬모 에스	뚜 누에보 뜨라바호
~는 어때?	너의 새 직장

2분 입에서 바로 나오는 문장 말하기

🔊 38-1

¿Cómo es tu escuela?
꼬모　에스　뚜　에스꾸엘라

네 학교는 어때?

¿Cómo es tu clase?
꼬모　에스　뚜　끌라쎄

네 수업은 어때?

¿Cómo es tu novio?
꼬모　에스　뚜　노비오

네 남자 친구는 어떤 사람이야?

> 여자 친구는 novia[노비아]라고 해요.

✓ 단어 체크

tu 뚜 너의 / nuevo 누에보 새로운 / trabajo 뜨라바호 ♂ 직장, 업무, 일 / escuela 에스꾸엘라 ♀ 학교 /
clase 끌라쎄 ♀ 교실, 수업 / novio 노비오 ♂ 남자 친구

3분 회화로 응용하기 🔊 38-2

상대방의 느낌을 묻고 답하는 대화를 연습해 볼까요? 빈칸에 주어진 어휘를 차례대로
넣어 말해 보세요.

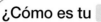

¿Cómo es tu   ?
꼬모   에스   뚜
네 ~는 어때?

Me encanta.
메   엔깐따
정말 마음에 들어.

1 **nuevo trabajo** [누에보 뜨라바호] 새 직장

2 **clase** [끌라쎄] 수업

3 **escuela** [에스꾸엘라] 학교

4 **novia** [노비아] 여자 친구

5 **nueva casa** [누에바 까사] 새 집

3분 문제로 확인해 보기

스페인어는 우리말로, 우리말은 스페인어로 바꿔 보세요.

① ¿Cómo es tu clase? ▸ _____

② 네 학교는 어때? ▸ _____

③ ¿Cómo es tu nueva casa? ▸ _____

오늘의 **10분** 끝!

38 새 직장은 어때?   135

39 이건 어떻게 읽어요?

*¿Cómo se ~?*로 방법 물어보기

2분 초간단 개념 잡기

'어떻게'라는 뜻의 의문사 cómo[꼬모]를 활용하여 방법을 묻는 표현을 배워 볼까요? 철자나 발음 등을 묻는 표현으로 활용할 수 있어요. cómo se[꼬모 쎄] 뒤에 어떻게 하는지 궁금한 것을 넣어 보세요.

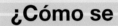 

¿Cómo se	lee esto?
꼬모 쎄	레 에스또
어떻게 ~하나요?	이것을 읽다

2분 입에서 바로 나오는 문장 말하기　　🎧 39-1

¿Cómo se dice esto?
　꼬모　　쎄　디쎄　에스또

이건 어떻게 말해요?

¿Cómo se escribe esto?
　꼬모　　쎄　에스끄리베　　에스또

이건 어떻게 써요?

¿Cómo se pronuncia esto?
　꼬모　　쎄　쁘로눈씨아　에스또

이건 어떻게 발음해요?

✓ 단어 체크

lee 레 읽다(leer 동사의 3인칭 단수형) / esto 에스또 이것 / dice 디쎄 말하다(decir 동사의 3인칭 단수형) / escribe 에스끄리베 쓰다(escribir 동사의 3인칭 단수형) / pronuncia 쁘로눈씨아 발음하다(pronunciar 동사의 3인칭 단수형)

회화로 응용하기 🔊 39-2

방법을 묻고 답하는 대화를 연습해 볼까요? 빈칸에 주어진 어휘를 차례대로 넣어 말해
보세요.

¿Cómo se ___ esto?
꼬모 쎄 에스또
이건 어떻게 ~해요?

Se ___ así.
쎄 아씨
이렇게 ~해요.

1 **lee** [레] 읽다
2 **dice** [디쎄] 말하다
3 **escribe** [에스끄리베] 쓰다
4 **pronuncia** [쁘로눈씨아] 발음하다

 문제로 확인해 보기

스페인어는 우리말로, 우리말은 스페인어로 바꿔 보세요.

1 ¿Cómo se dice esto? ▶ _____

2 이건 어떻게 발음해요? ▶ _____

3 ¿Cómo se escribe esto? ▶ _____

오늘의 10분 끝!

40 얼마예요?

¿Cuánto cuesta ~?로 가격 물어보기

 ## 초간단 개념 잡기

cuánto[꽌또]는 '얼마나 많은'을 의미하는 의문사인데, '가격이 ~이다'를 뜻하는 동사 costar[꼬스따르]의 3인칭 단수 변화형인 cuesta[꾸에쓰따]와 함께 쓰여서 얼마인지 물어보는 표현이 돼요.

¿Cuánto cuesta?

꽌또 꾸에스따
얼마예요?

 ## 입에서 바로 나오는 문장 말하기 🎧 40-1

¿Cuánto cuesta todo?
꽌또 꾸에스따 또도
다 해서 얼마예요?

¿Cuánto cuesta por persona?
꽌또 꾸에스따 뽀르 뻬르소나
일인당 얼마예요?

¿Cuánto cuesta cada uno?
꽌또 꾸에스따 까다 우노
한 개당 얼마예요?

✓ 단어 체크

todo 또도 모든 것 / por persona 뽀르 뻬르소나 일인당 / cada 까다 각각 / uno 우노 하나 얼마인지 묻고 답하는 대화를 연습해 볼까요? 빈칸에 주어진 어휘를 차례대로 넣어 말해 보세요.

¿Cuánto cuesta ___?
꽌또 꾸에스따
~ 얼마예요?

Cuesta cinco euros.
꾸에스따 씽꼬 에우로스
5유로입니다.

1 **todo** [또도] 전부

2 **por persona** [뽀르 뻬르소나] 일인당

3 **cada uno** [까다 우노] 한 개당

4 **una entrada** [우나 엔뜨라다] ♀입장권 한 장

5 **una botella de agua** [우나 보떼야 데 아구아] ♀물 한 병

3분 문제로 확인해 보기

스페인어는 우리말로, 우리말은 스페인어로 바꿔 보세요.

🔟 ¿Cuánto cuesta cada uno? ▶ _____

🔟 다 해서 얼마예요? ▶ _____

🔟 ¿Cuánto cuesta por persona? ▶ _____

오늘의 10분 끝!

1 / 주어진 상황에 어울리는 의문사를 보기 에서 골라 쓰세요.

> 보기 Quién / Cuánto / Qué

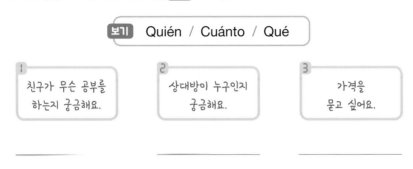

1	2	3
친구가 무슨 공부를 하는지 궁금해요.	상대방이 누구인지 궁금해요.	가격을 묻고 싶어요.

_____   _____   _____

2 / 자연스러운 대화가 되도록 두 문장을 연결해 보세요.

1 ¿Quién canta? •   • a) Estudio español.

2 ¿Cómo se escribe esto? •   • b) Cuesta cinco euros.

3 ¿Qué estudias? •   • c) Se escribe así.

4 ¿Cuánto cuesta? •   • d) Elena.

3 / 보기 에서 각 물건의 가격을 묻는 알맞은 표현을 골라 번호를 쓰세요.

> 보기 ① ¿Cuánto cuesta una entrada?
> ② ¿Cuánto cuesta una botella de agua?

1 WATER   2 TICKET

[ ]   [ ]

4/ 우리말에 맞게 빈칸에 알맞은 단어를 쓰세요.

1 누가 운전하니?

¿_____ conduce?

2 다해서 얼마예요?

¿_____ cuesta todo?

3 무엇을 찾니?

¿_____ buscas?

5/ 우리말 뜻을 참고하여 빈칸에 공통으로 들어갈 단어를 쓰세요.

✓ 네 수업은 어때? ▸ ¿[   ] es tu clase?

✓ 이건 어떻게 발음해요? ▸ ¿[   ] se pronuncia esto?

✓ 네 여자친구는 어떤 사람이야? ▸ ¿[   ] es tu novia?

정답			
1/ 1 Qué	2 Quién	3 Cuánto	
2/ 1 d)	2 c)	3 a)	4 b)
3/ 1 ②	2 ①		
4/ 1 Quién	2 Cuánto	3 Qué	
5/ Cómo			

스페인 대표 축제

1. 동방박사의 날(Día de los Reyes Magos)

1월 6일은 '주현절' 또는 '동방박사의 날'이라고 부르는 축제가 성대하게 열립니다. 아기 예수의 탄생을 경배하고, 예물을 바친 세 명의 동방박사가 오신 날이라 하여, 거리 곳곳에서는 퍼레이드를 하며 아이들에게 사탕을 나  눠줘요. 산타 할아버지가 아이들에게 선물을 주는 크리스마스 대신 스페인에서는 이 날 동방박사가 선물을 주는 기념 행사를 해요.

2. 산 페르민 축제(San Fermín)

'팜플로나'라는 도시에서 매년 7월에 열리는 축제로, 이 도시의 수호성인 'San Fermín[산 페르민]'을 기리며 열리는 축제예요. 축제의 행사 중 하이  라이트는 단연, 소몰이 행사입니다. 참가자가 붉은 손수건을 목에 두르고 달려드는 소 앞을 뛰어가는 행사로, 매년 많은 사람들이 이 행사에 참여하기 위해 스페인을 방문합니다.

3, 토마토 축제(La Tomatina)

발렌시아 주의 '부뇰'이라는 작은 마을에서 매년 8월에 열리는 축제로, 축제 기간에는 다양한 공연과 거리 행진, 불꽃놀이가 이어집니다. 토마토를 던지는 행사는 축제 기간 중 하루 한 시간만 진행되며, 잘 익은 토마토를 서로에게 던지며 축제를 즐겨요.

41

화장실이 어디예요?

*¿Dónde está ~?*로 위치 물어보기

2분 초간단 개념 잡기

dónde[돈데]는 '어디'라는 뜻의 의문사인데 '~에 있다'라는 뜻의 동사 estar[에스따르]의 3인칭 단수형인 está[에스따]와 함께 써서 장소나 사물의 위치를 묻는 질문을 할 수 있어요.

¿Dónde está   el baño?

돈데 에스따   엘 바뇨
어디에 있어요?   화장실

2분 입에서 바로 나오는 문장 말하기

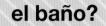 41-1

¿Dónde está la taquilla?
돈데   에스따 라   따끼야

매표소가 어디에 있나요?

¿Dónde está la salida?
돈데   에스따 라   쌀리다

출구가 어디에 있나요?

¿Dónde está el supermercado?
돈데   에스따 엘   수뻬르메르까도

슈퍼마켓이 어디에 있나요?

---

está 에스따 있다(estar 동사의 3인칭 단수형) / baño 바뇨 ♂ 화장실 / taquilla 따끼야 ♀ 매표소 / salida 쌀리다 ♀ 출구 / supermercado 수뻬르메르까도 ♂ 슈퍼마켓

회화로 응용하기 🎧 41-2

장소의 위치를 묻고 답하는 대화를 연습해 볼까요? 빈칸에 주어진 어휘를 차례대로
넣어 말해 보세요.

¿Dónde está ⬜ ?
돈데 에스따
~가 어디에 있나요?

Está a la derecha.
에스따 아 라 데레챠
오른쪽에 있어요.

1 el **baño** [엘 바뇨] 화장실
2 la **taquilla** [라 따끼야] ♀ 매표소
3 la **salida** [라 쌀리다] ♀ 출구
4 el **supermercado** [엘 수뻬르메르까도] ♂ 슈퍼마켓
5 el **ascensor** [엘 아쎈쏘르] ♂ 엘리베이터

남성 단수형 정관사 el / 여성 단수형 정관사 la

문제로 확인해 보기

스페인어는 우리말로, 우리말은 스페인어로 바꿔 보세요.

1 ¿Dónde está la salida? ▶ _____

2 화장실이 어디에 있나요? ▶ _____

3 ¿Dónde está la taquilla? ▶ _____

오늘의 **10분** 끝!

42

네 생일이 언제야?

*¿Cuándo es ~?*로 언제인지 물어보기

초간단 개념 잡기

cuándo[꽌도]는 '언제'라는 뜻의 의문사로 영어의 when과 같은 의미예요. cuándo 뒤에 ser 동사의 3인칭 단수형인 es를 함께 쓰면 기념일이나 행사 등의 날짜를 묻는 표현으로 '언제 ~이니?'라는 질문을 할 수 있어요.

¿Cuándo es / **tu cumpleaños?**

꽌도 에스
언제 ~이니?

뚜 꿈쁠레아뇨스
너의 생일

> 격식을 차려야 하는 상대에게 물어볼 때는 tu[뚜] 대신 su[수]를 쓰세요.

 입에서 바로 나오는 문장 말하기 42-1

¿Cuándo es el examen?	
꽌도 에스 엘 엑싸멘	시험이 언제니?

¿Cuándo es la fiesta?	
꽌도 에스 라 피에스따	파티가 언제니?

¿Cuándo es la boda?	
꽌도 에스 라 보다	결혼식이 언제니?

✔ **단어 체크**

tu 뚜 너의 / cumpleaños 꿈쁠레아뇨스 ♂ 생일 / examen 엑싸멘 ♂ 시험 / fiesta 피에스따 ♀ 파티 /
boda 보다 ♀ 결혼식

3분 회화로 응용하기 🔊 42-2

기념일이나 행사의 일정을 묻고 답하는 대화를 연습해 볼까요? 빈칸에 주어진 어휘를
차례대로 넣어 말해 보세요.

¿Cuándo es ⬜⬜⬜ ?
꽌도 　 에스
언제 ~이니?

Es la próxima semana.
에스 라 　 쁘록씨마 　 　 쎄마나
다음 주야.

1	tu cumpleaños [뚜 꿈쁠레아뇨스]	너의 생일
2	el examen [엘 엑싸멘]	♂시험
3	la fiesta [라 피에스따]	♀파티
4	la boda [라 보다]	♀결혼식
5	el concierto [엘 꼰씨에르또]	♂콘서트

남성 단수형 정관사 el / 여성 단수형 정관사 la

3분 문제로 확인해 보기

스페인어는 우리말로, 우리말은 스페인어로 바꿔 보세요.

1 ¿Cuándo es el examen? ▶ _____

2 네 생일이 언제야? ▶ _____

3 ¿Cuándo es la boda? ▶ _____

오늘의 **10분** 끝!

43 네 직업이 뭐야?

¿Cuál es ~?로 다양한 정보 물어보기

2분 초간단 개념 잡기

'어느 것'을 묻는 의문사 cuál[꾸알]은 상대방이 대답을 선택할 수 있는 범위가 있는 경우에 쓰는 의문사예요. cuál 뒤에 ser 동사의 3인칭 단수형인 es[에스]를 함께 써서 다양한 정보를 묻는 표현을 연습해 보세요.

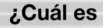

¿Cuál es / **tu trabajo?**

꾸알 에스 　　　　 뚜 뜨라바호
어느 것이 ~이니? 　　 너의 직업

2분 입에서 바로 나오는 문장 말하기 🎧 43-1

¿Cuál es tu nacionalidad?
꾸알　에스　뚜　나씨오날리닫

네 국적이 뭐야?

¿Cuál es tu nombre?
꾸알　에스　뚜　놈브레

네 이름이 뭐야?

¿Cuál es tu apellido?
꾸알　에스　뚜　아뻬이도

네 성이 뭐야?

✔ 단어 체크

es 에스 ~이다(ser 동사의 3인칭 단수형) / tu 뚜 너의 / trabajo 뜨라바호 ♂ 일, 직업 / nacionalidad
나씨오날리닫 ♀ 국적 / nombre 놈브레 ♂ 이름 / apellido 아뻬이도 ♂ 성

회화로 응용하기   🎧 43-2

상대방에 대해 묻고 답하는 대화를 연습해 볼까요? 각 빈칸에 주어진 어휘를 차례대로
넣어 말해 보세요.

¿Cuál es tu _____?
꾸알 에스 뚜
네 ~이 뭐야?

1 trabajo [뜨라바호] 직업	**1** Soy oficinista. [쏘이 오피씨니스따] 회사원이야
2 nacionalidad [나씨오날리닫] 국적	**2** Soy coreano. [쏘이 꼬레아노] ♂한국 사람이야. Soy coreana. [쏘이 꼬레아나] ♀
3 nombre [놈브레] 이름	**3** Soy Adrian. [쏘이 아드리안] 아드리안이야.
4 apellido [아뻬이도] 성	**4** Mi apellido es Kim. [미 아뻬이도 에스 낌] 내 성은 김이야.

3분 **문제로 확인해 보기**

스페인어는 우리말로, 우리말은 스페인어로 바꿔 보세요.

1 ¿Cuál es tu trabajo? ▶ _____

2 네 이름이 뭐야? ▶ _____

3 ¿Cuál es tu nacionalidad? ▶ _____

오늘의 10분 끝!

44 네가 가장 좋아하는 색이 뭐야?

¿Cuál es ~ favorito/a?로 가장 좋아하는 것 물어보기

초간단 개념 잡기

¿Cual es ~?는 '어느 것 ~이니?'라고 묻는 표현인데 여기에 '가장 좋아하는'을 의미하는 형용사 favorito/favorita[파보리또/파보리따]를 함께 쓰면 상대방이 가장 좋아하는 것이 무엇인지 물어볼 수 있어요.

¿Cuál es	tu color	favorito?
꾸알 에스	뚜 꼴로르	파보리또
어느 것 ~이니?	너의 색깔	가장 좋아하는

입에서 바로 나오는 문장 말하기

🔊 44-1

¿Cuál es tu mes favorito?
꾸알 에스 뚜 메스 파보리또

가장 좋아하는 달이 뭐야?

¿Cuál es tu deporte favorito?
꾸알 에스 뚜 데뽀르떼 파보리또

가장 좋아하는 운동이 뭐야?

¿Cuál es tu comida favorita?
꾸알 에스 뚜 꼬미다 파보리따

가장 좋아하는 음식이 뭐야?

> comida가 여성 명사라서 여성형인 favorita를 썼어요.

✔ 단어 체크

es 에스 ~이다(ser 동사의 3인칭 단수형) / tu 뚜 너의 / color 꼴로르 ♂ 색깔 / favorito 파보리또 ♂ - favorita
파보리따 ♀ 가장 좋아하는 / mes 메스 ♂ 월 / deporte 데뽀르떼 ♂ 운동 / comida 꼬미다 ♀ 음식

회화로 응용하기

🔊 44-2

가장 좋아하는 것을 묻고 답하는 대화를 연습해 볼까요? 각 빈칸에 주어진 어휘를 차례
대로 넣어 말해 보세요.

¿Cuál es tu ___ favorito?
꾸알 에스 뚜   파보리또
네가 가장 좋아하는 ~가 뭐야?

Es ___.
에스
~야.

1	**color** [꼴로르] 색
2	**mes** [메스] 달
3	**deporte** [데뽀르떼] 운동
4	**libro** [리브로] 책

1	**el azul** [엘 아쑬] ♂ 파란색
2	**junio** [후니오] 6월
3	**el fútbol** [엘 풋볼] ♂ 축구
4	**Don Quijote** [돈 끼호떼] 돈키호테

남성 단수형 정관사 el / 여성 단수형 정관사 la

문제로 확인해 보기

스페인어는 우리말로, 우리말은 스페인어로 바꿔 보세요.

1 ¿Cuál es tu mes favorito? ▶ _____

2 ¿Cuál es tu comida favorita? ▶ _____

3 가장 좋아하는 색이 뭐야? ▶ _____

> 오늘의 **10분** 끝!

44 네가 가장 좋아하는 색이 뭐야? 151

45

쉬는 게 어때?

¿Por qué no ~?로 친구에게 제안하기

초간단 개념 잡기

por qué[뽀르 께]는 '왜'라는 뜻의 의문사인데, 뒤에 부정을 나타내는 no를 붙이면 '~하는 게 어때?'라는 뜻으로 상대방에게 제안을 하는 의문문이 돼요. 2인칭 단수형 동사를 쓰면 친구에게 제안을 하는 표현이 가능해요.

> **¿Por qué no** **descansas?**
>
> 뽀르 께 노   데스깐싸스
> ~하는 게 어때?   쉬다

입에서 바로 나오는 문장 말하기 🔊 45-1

¿Por qué no comes más?
뽀르 께 노 꼬메스 마쓰

더 먹는 게 어때?

¿Por qué no vas al médico?
뽀르 께 노 바스 알 메디꼬

병원에 가 보는 게 어때?

¿Por qué no vienes a mi casa?
뽀르 께 노 비에네스 아 미 까사

우리 집에 오는 게 어때?

✔ 단어 체크

descansas 데스깐싸스 휴식을 취하다(descansar 동사의 2인칭 단수형) / comes 꼬메스 먹다(comer 동사의 2인칭 단수형) / más 마쓰 더 / vas 바스 가다(ir 동사의 2인칭 단수형) / vienes 비에네스 오다(venir 동사의 2인칭 단수형) / a 아 ~로 / mi 미 나의 / casa 까사 우 집

3분 회화로 응용하기

상대방에게 제안하고 답하는 대화를 연습해 볼까요? 빈칸에 주어진 어휘를 차례대로
넣어 말해 보세요.

¿Por qué no ____ ?
뽀르 께 노
~하는 게 어때?

Es buena idea.
에스 부에나 이데아
좋은 생각이야.

1	**descansas** [데스깐싸스]	휴식을 취하다 (2형식)
2	**comes más** [꼬메스 마쓰]	더 먹다 (2형식)
3	**vas al médico** [바스 알 메디꼬]	병원에 가다 (2형식)
4	**vienes a mi casa** [비에네스 아 미 까사]	우리 집에 오다 (2형식)

3분 문제로 확인해 보기

스페인어는 우리말로, 우리말은 스페인어로 바꿔 보세요.

1 ¿Por qué no descansas?　▶ _____

2 우리 집에 오는 게 어때?　▶ _____

3 ¿Por qué no comes más?　▶ _____

오늘의 10분 끝!

1/ 주어진 상황에 어울리는 의문사를 보기 에서 골라 쓰세요.

보기 Dónde / Cuándo / Cuál

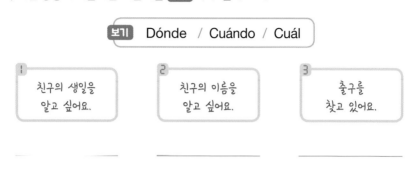

1 친구의 생일을 알고 싶어요.

2 친구의 이름을 알고 싶어요.

3 출구를 찾고 있어요.

2/ 퍼즐을 완성한 후 색깔로 표시된 부분에 보이는 나라 이름을 쓰세요.

1 파티
2 엘리베이터
3 운동
4 매표소
5 화장실
6 결혼식

정답:

3/ 다음 질문에 대한 대답으로 가장 적절한 것을 고르세요.

Q ¿Por qué no vas al médico?

① Es la próxima semana.

② Está a la derecha.

③ Es buena idea.

4 / 주어진 색깔 이름을 활용하여 질문에 자신의 대답을 해보세요.

rojo   rosa   violeta

verde   azul   amarillo

naranja   marrón   negro

Q ¿Cuál es tu color favorito?

A _____

5 / 신분증을 참고하여 빈칸에 알맞은 말을 쓰세요.

Min su

Lee

coreano

① ¿Cuál es tu _____? - Soy Min su.

② ¿Cuál es tu _____? - Mi apellido es Lee.

③ ¿Cuál es tu _____? - Soy coreano.

정답
1 / ① Cuándo ② Cuál ③ Dónde
2 / ① fiesta ② ascensor ③ deporte ④ taquilla ⑤ baño ⑥ boda
　　정답: España **3** / ③
4 / 자유롭게 답해 보세요.
5 / ① nombre ② apellido ③ nacionalidad

PART
04

숫자, 시간, 나이,
날짜, 요일을
말해 봐요.

46 숫자 익히기

STEP 1 0부터 15 익히기 🔊 46-1

0부터 15까지는 무조건 외우세요.

0 cero [쎄로]	**1** uno [우노]	**2** dos [도스]
3 tres [뜨레스]	**4** cuatro [꽈뜨로]	**5** cinco [씽꼬]
6 seis [쎄이쓰]	**7** siete [씨에떼]	**8** ocho [오쵸]
9 nueve [누에베]	**10** diez [디에쓰]	**11** once [온쎄]
12 doce [도쎄]	**13** trece [뜨레쎄]	**14** catorce [까또르쎄]
15 quince [낀쎄]		

STEP 2 16부터 19 익히기 🔊 46-2

16부터 19까지는 앞에 **dieci**[디에씨]만 붙여 주세요.

16 dieciséis [디에씨쎄이쓰]	**17** diecisiete [디에씨씨에떼]
18 dieciocho [디에씨오쵸]	**19** diecinueve [디에씨누에베]

STEP 3 20부터 29 익히기 🎧 46-3

20은 외우고, 21부터 29까지는 앞에 **veinti**[베인띠] 만 붙여 주세요.

20 veinte [베인떼]		**21** veintiuno [베인띠우노]	
22 veintidós [베인띠도스]		**23** veintitrés [베인띠뜨레스]	
24 veinticuatro [베인띠꽈뜨로]		**25** veinticinco [베인띠씽꼬]	
26 veintiséis [베인띠쎄이쓰]		**27** veintisiete [베인띠씨에떼]	
28 veintiocho [베인띠오쵸]		**29** veintinueve [베인띠누에베]	

STEP 4 30부터 100 익히기 🎧 46-4

30부터 90까지는 십의 자리만 외우세요.

30 treinta [뜨레인따]

40 cuarenta [꽈렌따]

50 cincuenta [씽꾸엔따]

60 sesenta [세쎈따]

+ y + uno, dos, tres ...

70 setenta [세뗀따]

80 ochenta [오쳰따]

예 **34** treinta y cuatro
[뜨레인따 이 꽈뜨로]

90 noventa [노벤따]

57 cincuenta y siete
[씽꾸엔따 이 씨에떼]

100 cien [씨엔] ····· → 100은 따로 외우세요.

46 숫자 익히기   159

오늘의 10분 끝!

47 시간 묻고 답하기

STEP 1 시간 묻기 🎧 47-1

¿Qué hora es?
께 오라 에스

몇 시야?

STEP 2 시간 말하기 🎧 47-2

🕐 1시는 Es la ~로 말해요.

Es la una.
에스 라 우나

한 시야.

🕐 2시부터는 Son las ~로 말해요.

Son las dos.
쏜 라스 도스

두 시야.

Son las tres.
쏜 라스 뜨레스

세 시야.

Son las seis.
쏜 라스 쎄이쓰

여섯 시야.

Son las once.
쏜 라스 온쎄

열한 시야.

시간　y　분

Es la una y cinco.

에스 라 우나 이 씽꼬

1시 5분이야.

Son las dos y cuarto.

쏜 라스 도스 이 꽈르또

2시 15분이야.

시간　menos　분

Es la una menos cinco.

에스 라 우나 메노스 씽꼬

1시 5분 전이야. (12:55)

Son las tres menos diez.

쏜 라스 뜨레스 메노스 디에쓰

3시 10분 전이야. (2:50)

STEP 4　문제로 확인하기

시계를 보고 몇 시인지 스페인어로 말해 보세요.

오늘의 **10분** 끝!

48 나이 묻고 답하기

STEP 1   나이 묻기 🎧 48-1

¿Cuántos años tienes?
꽌또스　아뇨스　띠에네스

몇 살이야?

STEP 2   나이 말하기 🎧 48-2

내 나이를 말할 때는 **tener**[떼네르] 동사의 1인칭인 **tengo**[뗑고] 를 사용해서 말해요.
끝에 '~살, ~세'를 나타내는 **año**[아뇨] 의 복수형인 **años**[아뇨스] 를 붙여 줍니다.

Tengo	나이	años.
뗑고		아뇨스

나는 ~살이야.

Tengo **veintisiete** años.
뗑고　베인띠씨에떼　아뇨스

나는 27살이야.

Tengo **treinta y dos** años.
뗑고　뜨레인따　이　도스　아뇨스

나는 32살이야.

Tengo **cuarenta y tres años.**

떼고   꽈렌따   이 뜨레스 아뇨스

나는 43살이야.

···

Tengo **cincuenta y cinco años.**

떼고   씽꾸엔따   이 씽꼬   아뇨스

나는 55살이야.

질문에 맞게 자신의 나이를 넣어 대답해 보세요.

¿Cuántos años tienes?

꽌또스   아뇨스 띠에네스

오늘의 **10분** 끝!

48 나이 묻고 답하기   163

49 날짜 묻고 답하기

STEP 1 날짜 묻기 🎧 49-1

¿Qué fecha es hoy?
게   페챠   에스   오이

오늘은 며칠이야?

¿Qué fecha es mañana?
게   페챠   에스   마냐나

내일은 며칠이야?

STEP 2 월 이름 익히기 🎧 49-2

1월 enero [에네로]	**2월** febrero [페브레로]	**3월** marzo [마르쏘]	**4월** abril [아브릴]
5월 mayo [마요]	**6월** junio [후니오]	**7월** julio [훌리오]	**8월** agosto [아고스또]
9월 septiembre [쎕띠엠브레]	**10월** octubre [옥뚜브레]	**11월** noviembre [노비엠브레]	**12월** diciembre [디씨엠브레]

🔊 49-3

Hoy es 　일 　**de** 　월

오이 에스 　　　　 데

오늘은 ~월 ~일이야

Hoy es dos de abril.

오이　에스　도스　데　아브릴

오늘은 4월 2일이야.

Mañana es 　일 　**de** 　월

마냐나 에스 　　　　 데

내일은 ~월 ~일이야

Mañana es doce de junio.

마냐나　　에스　도쎄　데　　후니오

내일은 6월 12일이야.

질문에 맞게 오늘의 날짜를 넣어 대답해 보세요.

¿Qué fecha es hoy?

께　페챠　에스 오이

오늘은 며칠이야?

오늘의 **10분** 끝!

50 요일 묻고 답하기

  50-1

¿Qué día es hoy?
께   디아 에스 오이

오늘은 무슨 요일이야?

¿Qué día es mañana?
께   디아 에스   마냐나

내일은 무슨 요일이야?

  50-2

월요일
lunes
[루네스]

화요일
martes
[마르떼스]

수요일
miércoles
[미에르꼴레스]

목요일
jueves
[후에베스]

금요일
viernes
[비에르네스]

토요일
sábado
[싸바도]

일요일
domingo
[도밍고]

Hoy es 요일

오이 에스

오늘은 ~요일이야

Hoy es martes.

오이   에스   마르떼스

오늘은 화요일이야.

Mañana es 요일

마냐나 에스

내일은 ~요일이야

Mañana es viernes.

마냐나   에스   비에르네스

내일은 금요일이야.

STEP 4   문제로 확인하기

질문에 맞게 오늘의 요일을 넣어 대답해 보세요.

¿Qué día es hoy?

께 디아 에스 오이

오늘은 무슨 요일이야?

오늘의 **10분** 끝!

1/ 다음 숫자들을 스페인어로 쓰세요.

① **5**   ② **14**   ③ **23**

_____   _____   _____

④ **70**   ⑤ **100**

_____   _____

2/ 다음 단어들 중 성격이 다른 하나를 골라 ◯ 표시 해보세요.

lunes

domingo

miércoles

jueves

agosto

viernes

3/ 각 달 이름에 맞게 빈칸에 알맞은 알파벳을 쓰세요.

1월	2월	3월	4월
ene___o	fe___rero	mar___o	abr___l
5월	6월	7월	8월
ma___o	ju___io	___ulio	a___osto
9월	10월	11월	12월
se___tie___bre	o___tubre	no___iem___re	___icie___bre

4/ 달력을 참고하여 빈칸에 알맞은 말을 쓰세요.

Julio

Lunes	Martes	Miércoles	Jueves	Viernes	Sábado	Domingo
					1	2
3	4	⑤	6	7	8	9
10	11	12	13	14	15	16
17	18	19	20	21	22	23
24	25	26	27	28	29	30
31						

1 A: ¿Qué fecha es ○?

   B: Es cinco de _____ .

2 A: ¿Qué día es □?

   B: Es _____ .

3 A: ¿Qué fecha es △?

   B: Es _____ de julio.

5/ 자연스러운 대화가 되도록 단어들을 배열해 보세요.

¿ / ? / cuántos / tienes / años

veinticinco / tengo / años

_____   _____

스페인 산티아고 순례길

프랑스에서 시작해서 스페인을 지나 예수의 12명의 제자 중 한 명이었던 성 야고보의 무덤이 있는 'Santiago de Compostela' 대성당에 이르는 약 800km의 길을 '산티아고 순례길'이라고 하며 해마다 많은 순례자들이 찾고 있습니다.

'Santiago'는 야고보를 가리키는 스페인식 이름으로, 가톨릭 신자라면 누구나 한 번쯤 가 보기를 꿈꾸는 곳이죠. 완주하기까지는 사람마다 다르지만, 보통 30일에서 40일이 소요됩니다.

추위를 피해 5월경 시작하여 7월이 가장 붐비는 성수기라 할 수 있어요. 이를 고려해서 일정을 계획하면 좋겠죠?

모든 순례자들은 스페인 관광청에서 판매하는 순례자 여권인 'Credencial[끄레덴씨알]'을 발급받아요. 이는 순례자임을 증명하는 문서로, 순례자의 길에서 쉬어가는 유일한 숙박 시설인 'Albergue[알베르게]'에서 머무를 때 반드시 제시해야 하는 여권입니다.

순례자의 길을 걷는 동안 머무른 숙소, 레스토랑, 성당 등에서 'sello[쎄요]'라는 스탬프를 받으면 나중에 자신이 순례를 한 사실을 증명할 수 있는 자료가 되는 거죠. 이렇게 'sello'를 모아 최종 목적지인 'Santiago de Compostela'에 도착하면 순례 완주 증서를 받을 수 있답니다. 순례자의 길을 걸으며 'sello'를 모으는 재미도 쏠쏠하겠죠?

여행 필수 스페인어 15

1	예. / 아니오.	Sí. / No. [씨 / 노]
2	안녕! / 안녕하세요!	¡Hola! [올라]
3	감사합니다.	Gracias. [그라씨아스]
4	실례합니다, 죄송합니다. / 뭐라고요?	Perdón. / ¿Perdón? [뻬르돈]
5	괜찮습니다.	No pasa nada. [노 빠사 나다]
6	잠깐만요.	Un momento. [운 모멘또]
7	도와주세요!	¡Ayude! [아유데]
8	알겠습니다.	Vale. [발레]
9	이해하지 못했어요.	No entiendo. [노 엔띠엔도]
10	이거뭐예요?	¿Qué es esto? [께 에스 에스또]
11	입어봐도 되나요?	¿Puedo probarme? [뿌에도 쁘로바르메]
12	저 스페인어 못합니다.	No puedo hablar español. [노 뿌에도 아블라르 에스빠뇰]
13	천천히 말씀해 주세요.	Más despacio, por favor. [마스 데스빠씨오, 뽀르 파보르]
14	얼마예요?	¿Cuánto es? [꽌또 에스]
15	계산서 주세요.	La cuenta, por favor. [라 꾸엔따, 뽀르 파보르]

초판 발행	2020년 1월 20일
초판 4쇄	2024년 3월 25일
저자	신승
편집	권이준, 김아영, 임세희
펴낸이	엄태상
디자인	진지화
조판	이서영
콘텐츠 제작	김선웅, 조현준, 장형진
마케팅본부	이승욱, 왕성석, 노원준, 조성민, 이선민
경영기획	조성근, 최성훈, 김다미, 최수진, 오희연
물류	정종진, 윤덕현, 신승진, 구윤주
펴낸곳	랭기지플러스
주소	서울시 종로구 자하문로 300 시사빌딩
주문 및 교재 문의	1588-1582
팩스	0502-989-9592
홈페이지	http://www.sisabooks.com
이메일	book_etc@sisadream.com
등록일자	2000년 8월 17일
등록번호	제300-2014-90호

ISBN 978-89-5518-783-0(13770)

해 봐!

하루 **10**분 왕초보

스페인어

쓰기 노트

랭기지플러스

해 봐!

하루 10분

왕초보

스페인어

쓰기 노트

1 **Soy Mina.** 나는 미나야.

Soy Mina.

_____

_____

2 **Soy estudiante.** 나는 학생이야.

Soy estudiante.

_____

_____

3 **Soy oficinista.** 나는 회사원이야.

Soy oficinista.

_____

_____

4 **Soy coreano / coreana.** 나는 한국 사람이야.

Soy coreano / coreana.

_____

_____

02 네가 마리아니?

1 **¿Eres tú María?** 네가 마리아니?

¿Eres tú María?

---

2 **¿Eres tú estadounidense?** 너는 미국 사람이니?

¿Eres tú estadounidense?

---

3 **¿Es Ud. profesor / profesora?** 당신은 교사인가요?

¿Es Ud. profesor / profesora?

---

4 **¿Es Ud. francés / francesa?** 당신은 프랑스 사람인가요?

¿Es Ud. francés / francesa?

---

03 나는 잘 지내.

1 Estoy bien. 나는 잘 지내.

Estoy bien.

_____

_____

2 Estoy así así. 나는 그럭저럭 지내.

Estoy así así.

_____

_____

3 Estoy muy bien. 나는 아주 잘 지내.

Estoy muy bien.

_____

_____

4 Estoy mal. 나는 잘 못 지내.

Estoy mal.

_____

_____

04 나 피곤해.

❶ Estoy cansado / cansada. 나 피곤해.

Estoy cansado / cansada.

_____

_____

❷ Estoy feliz. 나 행복해.

Estoy feliz.

_____

_____

❸ Estoy enojado / enojada. 나 화났어.

Estoy enojado / enojada.

_____

_____

❹ Estoy aburrido / aburrida. 나 지루해.

Estoy aburrido / aburrida.

_____

_____

05 나는 집에 있어.

❶ Estoy en casa. 나는 집에 있어.

Estoy en casa.

_____

_____

❷ Estoy en la escuela. 나는 학교에 있어.

Estoy en la escuela.

_____

_____

❸ Estoy en la oficina. 나는 사무실에 있어.

Estoy en la oficina.

_____

_____

❹ Estoy en Seúl. 나는 서울에 있어.

Estoy en Seúl.

_____

_____

❶ Trabajo en un banco. 나는 은행에서 일해.

Trabajo en un banco.

_____

_____

❷ Trabajo en un hotel. 나는 호텔에서 일해.

Trabajo en un hotel.

_____

_____

❸ Trabajo en una empresa. 나는 회사에서 일해.

Trabajo en una empresa.

_____

_____

❹ Trabajo en una universidad. 나는 대학교에서 일해.

Trabajo en una universidad.

_____

_____

07 나는 운동을 해.

1 Hago ejercicio. 나는 운동을 해.

Hago ejercicio.

_____

_____

2 Hago la comida. 나는 식사 준비를 해.

Hago la comida.

_____

_____

3 Hago la mudanza. 나는 이사를 해.

Hago la mudanza.

_____

_____

4 Hago la tarea. 나는 과제를 해.

Hago la tarea.

_____

_____

08 나는 스페인어를 해.

1 Hablo español. 나는 스페인어를 해.

Hablo español.

_____

_____

2 Hablo inglés. 나는 영어를 해.

Hablo inglés.

_____

_____

3 Hablo coreano. 나는 한국어를 해.

Hablo coreano.

_____

_____

4 Hablo chino. 나는 중국어를 해.

Hablo chino.

_____

_____

09 나는 지하철을 타.

1 **Tomo el metro.** 나는 지하철을 타.

Tomo el metro.

_____

_____

2 **Tomo el autobús.** 나는 버스를 타.

Tomo el autobús.

_____

_____

3 **Tomo el tren.** 나는 기차를 타.

Tomo el tren.

_____

_____

4 **Tomo el taxi.** 나는 택시를 타.

Tomo el taxi.

_____

_____

10 나는 서울에 살아.

❶ Vivo en Seúl. 나는 서울에 살아.

Vivo en Seúl.

_____

_____

❷ Vivo en el campo. 나는 시골에 살아.

Vivo en el campo.

_____

_____

❸ Vivo en el apartamento. 나는 아파트에 살아.

Vivo en el apartamento.

_____

_____

❹ Vivo en la calle Mayor. 나는 마요르 가에 살아.

Vivo en la calle Mayor.

_____

_____

11 나는 가족과 함께 살아.

1 Vivo con mi familia. 나는 가족과 함께 살아.

Vivo con mi familia.

2 Vivo con mi perro. 나는 강아지와 함께 살아.

Vivo con mi perro.

3 Vivo con mis padres. 나는 부모님과 함께 살아.

Vivo con mis padres.

4 Vivo con mi hermano. 나는 남동생과 함께 살아.

Vivo con mi hermano.

12 나는 사무실에 가.

❶ Voy a la oficina. 나는 사무실에 가.

Voy a la oficina.

---

❷ Voy a casa. 나는 집에 가.

Voy a casa.

---

❸ Voy a la universidad. 나는 학교에 가.

Voy a la universidad.

---

❹ Voy al supermercado. 나는 슈퍼마켓에 가.

Voy al supermercado.

---

13 나는 스페인어를 공부할 거야.

1 **Voy a estudiar español.** 나는 스페인어를 공부할 거야.

Voy a estudiar español.

_____

_____

2 **Voy a ir de compras.** 나는 쇼핑을 할 거야.

Voy a ir de compras.

_____

_____

3 **Voy a descansar.** 나는 좀 쉴 거야.

Voy a descansar.

_____

_____

4 **Voy a viajar a España.** 나는 스페인으로 여행을 갈 거야.

Voy a viajar a España.

_____

_____

14 너 잘 거야?

1 **¿Vas/Va a dormir?** 너 잘 거야?/주무실 거예요?

¿Vas/Va a dormir?

_____

_____

2 **¿Vas a comer algo?** 너 뭐 좀 먹을 거니?

¿Vas a comer algo?

_____

_____

3 **¿Va a viajar?** 당신은 여행을 하실 건가요?

¿Va a viajar?

_____

_____

4 **¿Va a ir de compras?** 당신은 쇼핑을 하실 건가요?

¿Va a ir de compras?

_____

_____

15 우리 여행 가자.

1 Vamos a viajar. 우리 여행 가자.

Vamos a viajar.

2 Vamos a descansar. 우리 쉬자.

Vamos a descansar.

3 Vamos a pagar a escote. 우리 더치페이하자.

Vamos a pagar a escote.

4 Vamos a comer. 우리 밥 먹자.

Vamos a comer.

16 나는 운전할 수 있어.

❶ Puedo conducir. 나는 운전할 수 있어.

Puedo conducir.

_____

_____

❷ Puedo hablar español. 나는 스페인어를 할 수 있어.

Puedo hablar español.

_____

_____

❸ Puedo nadar. 나는 수영을 할 수 있어.

Puedo nadar.

_____

_____

❹ Puedo montar en bicicleta. 나는 자전거를 탈 수 있어.

Puedo montar en bicicleta.

_____

_____

17 지나가도 돼요?

❶ ¿Puedo pasar? 지나가도 돼요?

¿Puedo pasar?

_____

_____

❷ ¿Puedo entrar? 들어가도 돼요?

¿Puedo entrar?

_____

_____

❸ ¿Puedo pedir ahora? 지금 주문해도 돼요?

¿Puedo pedir ahora?

_____

_____

❹ ¿Puedo cerrar la puerta? 문 좀 닫아도 돼요?

¿Puedo cerrar la puerta?

_____

_____

18 테이블 좀 치워 주실래요?

❶ ¿Podría limpiar la mesa? 테이블 좀 치워 주실래요?

¿Podría limpiar la mesa?

_____

_____

❷ ¿Podría apagar la luz? 불을 꺼 주실 수 있나요?

¿Podría apagar la luz?

_____

_____

❸ ¿Podría hablar despacio? 천천히 말해 줄 수 있나요?

¿Podría hablar despacio?

_____

_____

❹ ¿Podría pasar la sal? 소금을 건네주실 수 있나요?

¿Podría pasar la sal?

_____

_____

19 나 더워.

❶ Tengo calor. 나 더워.

Tengo calor.

_____

_____

❷ Tengo frío. 나 추워.

Tengo frío.

_____

_____

❸ Tengo sueño. 나 졸려.

Tengo sueño.

_____

_____

❹ Tengo hambre. 나 배고파.

Tengo hambre.

_____

_____

20 너 추워?

① **¿Tienes frío?** 너 추워?

¿Tienes frío?

_____

_____

② **¿Tienes miedo?** 무섭니?

¿Tienes miedo?

_____

_____

③ **¿Tienes prisa?** 급하니?

¿Tienes prisa?

_____

_____

④ **¿Tiene sed?** 갈증 나세요?

¿Tiene sed?

_____

_____

21 나 좋은 생각이 있어.

1 Tengo una buena idea. 나 좋은 생각이 있어.

Tengo una buena idea.

_____

_____

2 Tengo una hija. 나는 딸이 한 명 있어.

Tengo una hija.

_____

_____

3 Tengo mucho trabajo. 나는 일이 많아.

Tengo mucho trabajo.

_____

_____

4 Tengo tiempo ahora. 나는 지금 시간이 있어.

Tengo tiempo ahora.

_____

_____

22 나는 가야 돼.

❶ Tengo que ir. 나는 가야 돼.

Tengo que ir.

---

❷ Tengo que trabajar más. 나는 더 일을 해야 돼.

Tengo que trabajar más.

---

❸ Tengo que descansar. 나는 좀 쉬어야 돼.

Tengo que descansar.

---

❹ Tengo que esperar más. 나는 더 기다려야 돼.

Tengo que esperar más.

---

23 도움이 필요해요.

❶ Necesito su ayuda. 도움이 필요해요.

Necesito su ayuda.

---

❷ Necesito un bolígrafo. 볼펜이 하나 필요해요.

Necesito un bolígrafo.

---

❸ Necesito un tenedor. 포크가 하나 필요해요.

Necesito un tenedor.

---

❹ Necesito una silla. 의자가 하나 필요해요.

Necesito una silla.

---

24 물이 있나요?

❶ ¿Hay agua? 물이 있나요?

¿Hay agua?

_____

_____

❷ ¿Hay un supermercado? 슈퍼마켓이 있나요?

¿Hay un supermercado?

_____

_____

❸ ¿Hay aseos? 화장실이 있나요?

¿Hay aseos?

_____

_____

❹ ¿Hay un asiento libre? 빈자리가 있나요?

¿Hay un asiento libre?

_____

_____

25 전 물을 원해요.

1 Quiero agua. 전 물을 원해요.

Quiero agua.

_____

_____

2 Quiero esto. 저는 이것을 원해요.

Quiero esto.

_____

_____

3 Quiero un café. 저는 커피 한 잔을 원해요.

Quiero un café.

_____

_____

4 Quiero cerveza. 저는 맥주를 원해요.

Quiero cerveza.

_____

_____

26 나는 쉬고 싶어.

1 **Quiero descansar.** 나는 쉬고 싶어.

Quiero descansar.

2 **Quiero tomar algo.** 나는 뭐 좀 먹고 싶어.

Quiero tomar algo.

3 **Quiero dormir.** 나는 잠을 자고 싶어.

Quiero dormir.

4 **Quiero comer fuera.** 나는 외식하고 싶어.

Quiero comer fuera.

27 난 와인이 맥주보다 더 좋아.

1 **Prefiero el vino a la cerveza.** 난 와인이 맥주보다 더 좋아.

Prefiero el vino a la cerveza.

_____

_____

2 **Prefiero la sopa a la ensalada.** 난 수프가 샐러드보다 더 좋아.

Prefiero la sopa a la ensalada.

_____

_____

3 **Prefiero el pollo al pescado.** 난 닭고기가 생선보다 더 좋아.

Prefiero el pollo al pescado.

_____

_____

4 **Prefiero el café al té.** 난 커피가 차보다 더 좋아.

Prefiero el café al té.

_____

_____

❶ Me gusta el fútbol. 난 축구를 좋아해.

Me gusta el fútbol.

_____

_____

❷ Me gusta el verano. 난 여름을 좋아해.

Me gusta el verano.

_____

_____

❸ Me gusta ir de compras. 난 쇼핑하는 걸 좋아해.

Me gusta ir de compras.

_____

_____

❹ Me gusta ver la televisión. 난 TV 보는 것을 좋아해.

Me gusta ver la televisión.

_____

_____

29 난 강아지들을 좋아해.

1 **Me gustan los perros.** 난 강아지들을 좋아해.

Me gustan los perros.

_____

_____

2 **Me gustan los deportes.** 난 운동들을 좋아해.

Me gustan los deportes.

_____

_____

3 **Me gustan los niños.** 난 아이들을 좋아해.

Me gustan los niños.

_____

_____

4 **Me gustan las novelas.** 난 소설들을 좋아해.

Me gustan las novelas.

_____

_____

30 머리가 아파.

❶ Me duele la cabeza. 머리가 아파.

Me duele la cabeza.

_____

_____

❷ Me duele la garganta. 목(인후)이 아파.

Me duele la garganta.

_____

_____

❸ Me duelen las piernas. 다리가 아파.

Me duelen las piernas.

_____

_____

❹ Me duelen los ojos. 눈이 아파.

Me duelen los ojos.

_____

_____

31 너를 만나서 기뻐.

❶ Me alegro de verte. 너를 만나서 기뻐.

Me alegro de verte.

---

❷ Me alegro de oírte. 네 목소리 들어서 기뻐.

Me alegro de oírte.

---

❸ Me alegro de conocerle. 당신을 알게 되어 기뻐요.

Me alegro de conocerle.

---

❹ Me alegro de verle otra vez. 당신을 다시 뵙게 되어 기뻐요.

Me alegro de verle otra vez.

32 난 그렇다고 생각해.

❶ Creo que sí. 난 그렇다고 생각해.

Creo que sí.

_____

_____

❷ Creo que no. 난 아니라고 생각해.

Creo que no.

_____

_____

❸ Creo que es posible. 난 가능하다고 생각해.

Creo que es posible.

_____

_____

❹ Creo que está bien. 난 괜찮다고 생각해.

Creo que está bien.

_____

_____

33 물 주세요.

❶ Agua, por favor. 물 주세요.

Agua, por favor.

_____

_____

❷ La carta, por favor. 메뉴판 주세요.

La carta, por favor.

_____

_____

❸ El recibo, por favor. 영수증 주세요.

El recibo, por favor.

_____

_____

❹ La cuenta, por favor. 계산서 주세요.

La cuenta, por favor.

_____

_____

34 날씨가 좋네요.

❶ Hace buen tiempo. 날씨가 좋네요.

Hace buen tiempo.

---

❷ Hace mal tiempo. 날씨가 좋지 않네요.

Hace mal tiempo.

---

❸ Hace calor. 날씨가 덥네요.

Hace calor.

---

❹ Hace frío. 날씨가 춥네요.

Hace frío.

---

35 도와주셔서 감사해요.

1 Gracias por su ayuda. 도와주셔서 감사해요.

Gracias por su ayuda.

2 Gracias por su visita. 방문해 주셔서 감사해요.

Gracias por su visita.

3 Gracias por su atención. 경청해 주셔서 감사해요.

Gracias por su atención.

4 Gracias por todo. 여러모로 감사해요.

Gracias por todo.

36 이건 뭐야?

1 **¿Qué es esto?** 이건 뭐야?

¿Qué es esto?

_____

_____

2 **¿Qué buscas?** 무엇을 찾니?

¿Qué buscas?

_____

_____

3 **¿Qué comes?** 무엇을 먹니?

¿Qué comes?

_____

_____

4 **¿Qué estudias?** 무엇을 공부하니?

¿Qué estudias?

_____

_____

37 누구세요?

1 **¿Quién es usted?** 누구세요?

¿Quién es usted?

_____

_____

2 **¿Quién canta?** 누가 노래를 부르니?

¿Quién canta?

_____

_____

3 **¿Quién cocina?** 누가 요리를 하니?

¿Quién cocina?

_____

_____

4 **¿Quién conduce?** 누가 운전을 하니?

¿Quién conduce?

_____

_____

38 새 직장은 어때?

❶ ¿Cómo es tu nuevo trabajo? 새 직장은 어때?

¿Cómo es tu nuevo trabajo?

_____

_____

❷ ¿Cómo es tu escuela? 네 학교는 어때?

¿Cómo es tu escuela?

_____

_____

❸ ¿Cómo es tu clase? 네 수업은 어때?

¿Cómo es tu clase?

_____

_____

❹ ¿Cómo es tu novio? 네 남자 친구는 어떤 사람이야?

¿Cómo es tu novio?

_____

_____

39 이건 어떻게 읽어요?

1 **¿Cómo se lee esto?** 이건 어떻게 읽어요?

¿Cómo se lee esto?

_____

_____

2 **¿Cómo se dice esto?** 이건 어떻게 말해요?

¿Cómo se dice esto?

_____

_____

3 **¿Cómo se escribe esto?** 이건 어떻게 써요?

¿Cómo se escribe esto?

_____

_____

4 **¿Cómo se pronuncia esto?** 이건 어떻게 발음해요?

¿Cómo se pronuncia esto?

_____

_____

40 얼마예요?

1 **¿Cuánto cuesta?** 얼마예요?

¿Cuánto cuesta?

_____

_____

2 **¿Cuánto cuesta todo?** 다 해서 얼마예요?

¿Cuánto cuesta todo?

_____

_____

3 **¿Cuánto cuesta por persona?** 일인당 얼마예요?

¿Cuánto cuesta por persona?

_____

_____

4 **¿Cuánto cuesta cada uno?** 한 개당 얼마예요?

¿Cuánto cuesta cada uno?

_____

_____

41 화장실이 어디예요?

1 **¿Dónde está el baño?** 화장실이 어디예요?

¿Dónde está el baño?

_____

_____

2 **¿Dónde está la taquilla?** 매표소가 어디에 있나요?

¿Dónde está la taquilla?

_____

_____

3 **¿Dónde está la salida?** 출구가 어디에 있나요?

¿Dónde está la salida?

_____

_____

4 **¿Dónde está el supermercado?** 슈퍼마켓은 어딨어요?

¿Dónde está el supermercado?

_____

_____

42 네 생일이 언제야?

❶ ¿Cuándo es tu cumpleaños? 네 생일이 언제야?

¿Cuándo es tu cumpleaños?

_____

_____

❷ ¿Cuándo es el examen? 시험이 언제니?

¿Cuándo es el examen?

_____

_____

❸ ¿Cuándo es la fiesta? 파티가 언제니?

¿Cuándo es la fiesta?

_____

_____

❹ ¿Cuándo es la boda? 결혼식이 언제니?

¿Cuándo es la boda?

_____

_____

43 네 직업이 뭐야?

1 ¿Cuál es tu trabajo? 네 직업이 뭐야?

¿Cuál es tu trabajo?

_____

_____

2 ¿Cuál es tu nacionalidad? 네 국적이 뭐야?

¿Cuál es tu nacionalidad?

_____

_____

3 ¿Cuál es tu nombre? 네 이름이 뭐야?

¿Cuál es tu nombre?

_____

_____

4 ¿Cuál es tu apellido? 네 성이 뭐야?

¿Cuál es tu apellido?

_____

_____

44 네가 가장 좋아하는 색이 뭐야?

1 **¿Cuál es tu color favorito?** 네가 가장 좋아하는 색이 뭐야?

¿Cuál es tu color favorito?

_____

_____

2 **¿Cuál es tu mes favorito?** 가장 좋아하는 달이 뭐야?

¿Cuál es tu mes favorito?

_____

_____

3 **¿Cuál es tu deporte favorito?** 가장 좋아하는 운동이 뭐야?

¿Cuál es tu deporte favorito?

_____

_____

4 **¿Cuál es tu comida favorita?** 가장 좋아하는 음식이 뭐야?

¿Cuál es tu comida favorita?

_____

_____

45 쉬는 게 어때?

❶ ¿Por qué no descansas? 쉬는 게 어때?

¿Por qué no descansas?

_____

_____

❷ ¿Por qué no comes más? 더 먹는 게 어때?

¿Por qué no comes más?

_____

_____

❸ ¿Por qué no vas al médico? 병원에 가 보는 게 어때?

¿Por qué no vas al médico?

_____

_____

❹ ¿Por qué no vienes a mi casa? 우리 집에 오는 게 어때?

¿Por qué no vienes a mi casa?

_____

_____

0 cero   **1** uno

_____   _____

_____   _____

2 dos   **3** tres

_____   _____

_____   _____

4 cuatro   **5** cinco

_____   _____

_____   _____

6 seis   **7** siete

_____   _____

_____   _____

8 ocho   **9** nueve

_____   _____

_____   _____

10   diez

11   once

12   doce

13   trece

14   catorce

15   quince

16   dieciséis

17   diecisiete

18   dieciocho

19   diecinueve

20	veinte	**21**	veintiuno
22	veintidós	**23**	veintitrés
24	veinticuatro	**25**	veinticinco
26	veintiséis	**27**	veintisiete
28	veintiocho	**29**	veintinueve

30 treinta

40 cuarenta

50 cincuenta

60 sesenta

70 setenta

80 ochenta

90 noventa

100 cien

47 시간 묻고 답하기

① **¿Qué hora es?** 몇 시야?

¿Qué hora es?

_____

_____

② **Es la una.** 한 시야.

Es la una.

_____

_____

③ **Son las dos.** 두 시야.

Son las dos.

_____

_____

④ **Son las tres.** 세 시야.

Son las tres.

_____

_____

⑤ **Son las seis.** 여섯 시야.

Son las seis.

_____

_____

6 **Son las once.** 열한 시야.

Son las once.

7 **Es la una y cinco.** 1시 5분이야.

Es la una y cinco.

8 **Son las dos y cuarto.** 2시 15분이야.

Son las dos y cuarto.

9 **Es la una menos cinco.** 1시 5분 전이야. (12:55)

Es la una menos cinco.

10 **Son las tres menos diez.** 3시 10분 전이야. (2:50)

Son las tres menos diez.

48 나이 묻고 답하기

1 ¿Cuántos años tienes? 몇 살이야?

¿Cuántos años tienes?

_____

_____

2 Tengo veintisiete años. 나는 27살이야.

Tengo veintisiete años.

_____

_____

3 Tengo treinta y dos años. 나는 32살이야.

Tengo treinta y dos años.

_____

_____

4 Tengo cuarenta y tres años. 나는 43살이야.

Tengo cuarenta y tres años.

_____

_____

5 Tengo cincuenta y cinco años. 나는 55살이야.

Tengo cincuenta y cinco años.

_____

_____

49 날짜 묻고 답하기

1 **¿Qué fecha es hoy?** 오늘은 며칠이야?

¿Qué fecha es hoy?

_____

_____

2 **¿Qué fecha es mañana?** 내일은 며칠이야?

¿Qué fecha es mañana?

_____

_____

3 **Hoy es dos de abril.** 오늘은 4월 2일이야.

Hoy es dos de abril.

_____

_____

4 **Mañana es doce de junio.** 내일은 6월 12일이야.

Mañana es doce de junio.

_____

_____

1월	enero	2월	febrero
	_____		_____
	_____		_____
3월	marzo	4월	abril
	_____		_____
	_____		_____
5월	mayo	6월	junio
	_____		_____
	_____		_____
7월	julio	8월	agosto
	_____		_____
	_____		_____
9월	septiembre	10월	octubre
	_____		_____
	_____		_____
11월	noviembre	12월	diciembre
	_____		_____
	_____		_____

50 요일 묻고 답하기

❶ ¿Qué día es hoy? 오늘은 무슨 요일이야?

¿Qué día es hoy?

_____

_____

❷ ¿Qué día es mañana? 내일은 무슨 요일이야?

¿Qué día es mañana?

_____

_____

❸ Hoy es martes. 오늘은 화요일이야.

Hoy es martes.

_____

_____

❹ Mañana es viernes. 내일은 금요일이야.

Mañana es viernes.

_____

_____

월요일	lunes	**화요일**	martes
	_____		_____
	_____		_____
수요일	miércoles	**목요일**	jueves
	_____		_____
	_____		_____
금요일	viernes	**토요일**	sábado
	_____		_____
	_____		_____
일요일	domingo		
	_____		
	_____		

인사와 기본 표현

1 **¡Hola!** 안녕! / 안녕하세요!

¡Hola!

_____

_____

2 **Buenos días.** 안녕! / 안녕하세요! (아침 인사)

Buenos días.

_____

_____

3 **Buenas tardes.** 안녕! / 안녕하세요! (오후 인사)

Buenas tardes.

_____

_____

4 **Buenas noches.** 안녕! / 안녕하세요!, 잘자. / 안녕히 주무세요.

Buenas noches.

_____

_____

5 **Mucho gusto.** 만나서 반갑습니다.

Mucho gusto.

_____

_____

6 ¡Chao! 잘가!

¡Chao!

7 ¡Felicidades! 축하해!

¡Felicidades!

8 Gracias. 고마워. / 고맙습니다.

Gracias.

9 De nada. 별말씀을요.

De nada.

10 Lo siento. 미안해. / 죄송합니다.

Lo siento.

✭memo✭

★ memo ★

★memo★

✭memo✭

✶memo✶

해 봐!

하루 10분

왕초보 스페인어

쓰기 노트